季節の保存食

二十四節気を愉しむ

山田奈美

はじめに

年々暑さが厳しくなっているとはいえ、日本には四季があり、さらに春夏秋冬を細かく分けた二十四節気という暦があります。虫が冬眠から目覚めて土の中から這い出してくる時季とか、穀物を発芽させる恵みの雨がたっぷり降り注ぐ時季などと、季節の変化を細やかに知ることができ、農作業を進める上で今でも欠かせない暦となっています。そればかりか自然と分断されがちな現代の私たちこそ、自然界のリズムと融合するためにぜひ活用していきたいものだと思います。私の学ぶ薬膳では、自然界との調和こそ、最高の健康法とされます。

こうした自然のリズムに合わせるのに最適なのが、季節の食材です。そして、旬の食材を無理なくたっぷり取り入れられるのが、保存食や漬物、発酵食だと思います。春、真っ先に顔を出すふきのとうの味噌漬けや葉の花の粕味噌漬け、夏のしば漬けやきゅうりのパリパリ漬け、秋のきのこのペーストに干し芋や干し柿。冬はたくあんにラーパーツァイ、キムチと、その時その時の季節の恵みを体に取り込んで、リズムを刻んでいくのです。旬の一番おいしい食材を保存食にすれば、旬の短いものもしばらく味わえます。忙しい時も保存食があると助かります。季節感のある食卓はぐっと華やかになります。これほど便利なものはないでしょう。

本書では、古くから受け継がれた伝統的な保存食も、現代の食卓に合わせて、塩分は控えめに、砂糖も使わず、はちみつやみりんで甘みをつけています。健康的で素材の味を生かした体にやさしい保存食です。そして、自分の手を動かして作ったものは、何よりも代えがたい味わいです。旬を見失いがちな現代の日本だからこそ、季節の食材を取り入れた保存食で、健やかな体と心を手に入れていただければ嬉しいです。

もくじ

はじめに ……… 2
保存食作りのコツ ……… 8

春の食材と保存食 ……… 11

春の食卓 ……… 12
鯛とかぶの煮物 ……… 14

立春
ふきのとう ……… 16
ふき味噌 ……… 16
ふきのとうオイル漬け ……… 17
ふきのとうペースト ……… 18
ささみのふきのとうペースト ……… 19

雨水
春キャベツ ……… 20
ザワークラウト ……… 20
春かぶ ……… 21
かぶのチャンアチ ……… 21

啓蟄
しらす ……… 22
しらすのにんにくオイル漬け ……… 22
しらすオイルの春巻きピザ ……… 23
菜の花 ……… 24
菜の花の粕味噌漬け ……… 24
菜の花漬けのいなり寿司 ……… 25

春分
わさびの葉 ……… 26
わさびの粕漬け ……… 26
鯵のわさび茶漬け ……… 27
桜の花 ……… 28
桜の塩漬け ……… 28
桜の山芋蒸しパン ……… 29

清明
たけのこ ……… 30
たけのこのメンマ ……… 30
たけのこの甘酢漬け ……… 31
たけのこの塩漬け ……… 32
炸醤麺（ジャージャー麺）……… 33
ふき ……… 34
ふきの青煮 ……… 34
山椒入りきゃらぶき ……… 35
新たまねぎ ……… 36
新たまねぎ黒酢漬け ……… 36
新たまねぎ梅酢漬け ……… 37

穀雨
そらまめ ……… 38
豆板醤 ……… 38
えびの豆板醤焼き ……… 39
いちご ……… 40
いちごコンフィチュール ……… 40

夏の食材と保存食

夏の食卓 ... 41

夏の食卓 ... 42
だしのせそうめん ... 44

立夏

うど
うどのオイル漬け ... 46
うどのマリネ ... 47
グリーンピース
グリーンピースのオイル漬け ... 48
グリーンピースのスープ ... 49

小満

山椒の実
ちりめん山椒 ... 50
山椒ラー油 ... 51

芒種

梅
梅干し ... 52
カリカリ梅 ... 54

梅ハニーサワー ... 55
梅ジャム ... 56
台湾茶梅 ... 57
らっきょう
らっきょうの塩漬け ... 58
らっきょうの梅酢漬け ... 58
びわ
びわのコンポート ... 60
びわのアマレット ... 61

夏至

トマト
トマト麹 ... 62
チリコンカン ... 63
ケチャップ ... 64
ドライトマトオイル ... 65
ミント
ミントシロップ ... 66

小夏

きゅうり
水キムチ ... 67
オイキムチ ... 68
きゅうりのパリパリ漬け ... 69

大暑

冬瓜
乳酸冬瓜 ... 70
なす
なすのピリ辛漬け ... 71
しば漬け ... 72
なすの辛子漬け ... 73
しそ
しそピリ辛漬け／しそ塩オイル漬け ... 74
しそジェノベーゼ ... 76
しそジェノベーゼパスタ ... 77
赤しそ
赤しそジュース ... 78
ゆかり ... 79
すいか
すいか糖 ... 80

秋の食材と保存食

立秋

秋の食卓 ……82
鮭の漬け揚げみょうがだれ ……84

……81

パプリカ
マッサ ……86
ハリッサ ……87
ハリッサチキン ……88
青唐辛子
グリーンハラペーニョソース ……90
鶏と春雨のグリーンハラペーニョソース煮込み ……91
青ゆずこしょう ……92
れんこん、エリンギ、セロリのゆずこしょう和え ……93
ゴーヤ
佃煮 ……94

……89

処暑

みょうが
みょうがの甘酢漬け ……95
新しょうが
紅しょうが／新しょうがの醤油漬け ……96
しその実
しその実塩漬け／しその実醤油漬け ……98
しその実ポテサラ ……99
蒸し鶏 中華だれ ……100

白露

栗
栗の渋皮煮 ……101
いちじく
いちじくのコンポート ……102
いちじくコンポートパウンド ……103
鮭
鮭の麹漬け ……104
鮭フレーク ……105

秋分

スルメイカ
イカの塩辛 ……106
れんこん
れんこん甘酢漬け ……107
落花生
ピーナッツバター ……108

ピーナッツバターサンド ……109
にんにく
にんにく味噌漬け／にんにくオイル漬け ……110
スパイシー枝豆 ……111
さんま
さんまのぬか漬け ……112
ぬか床の作り方 ……113
さんまのコンフィー ……114
さつまいも
干し芋 ……115

寒露

カタクチイワシ
アンチョビ ……116
アンチョビコロッケ ……117
きのこ
きのこのオイル漬け ……118
きのこのリゾット ……119
きのこペースト ……120
きのこポタージュ ……121

霜降

柿
柿酢 ……122
かぶと水菜の柿酢和え ……123
干し柿 ……124

冬の食材と保存食

冬の食卓 … 125

- タラのちげ鍋 … 126

立冬
- かりん … 128
  - かりんシロップ … 130
- かぶ
  - かぶの千枚漬け … 131

小雪
- 新海苔
  - 海苔の佃煮 … 132
- 小松菜
  - 小松菜塩水漬け … 133
- ごぼう
  - ごぼうの味噌漬け … 134

大雪
- 牡蠣
  - 牡蠣のオイル漬け … 135
  - 牡蠣のオイスターソース … 136
  - 牡蠣オイルそうめん … 137
- りんご … 138
  - りんご酵母
  - りんごパン … 139
- 白菜 … 140
  - 白菜キムチ
  - 白菜のラーパーツァイ … 142

冬至
- ゆず
  - ゆず茶 … 143
  - ゆずポン酢 … 144
- にんじん
  - 松前漬け … 145

小寒
- 大根
  - たくあん … 146
  - ゆず大根 … 147
  - なます … 148
- きんかん
  - きんかんはちみつ漬け … 149
- みかん
  - 陳皮 … 150
  - 豚肉とさつまいもの陳皮煮 … 151

大寒
- 高菜
  - 高菜漬け … 152
- レモン
  - 塩レモン麹 … 153
  - レモンチェロ … 154
  - 塩レモン麹鍋 … 155
- 大豆・麹
  - 米味噌 … 156

おわりに … 159

保存食作りのコツ

保存食を作っても、すぐに風味が変わったり傷んだりしてしまっては台なしです。季節のおいしさを閉じ込めて、長く楽しむためには保存食作りの基本的なコツをおさえておきましょう。

コツ1 酸素とうまくつき合う

できあがった保存食をおいしく長持ちさせるには、酸素とのつき合い方がカギを握っています。基本的にマリネやオイル漬けなどのほとんどの保存食は酸素が大敵。保存容器のなかに酸素が残っていると、食品が酸化して色が悪くなったり、風味が落ちたり、微生物が増殖してカビが生えやすくなったりするからです。ビタミンなどの栄養素も減少します。酸素をできるだけ排除するのが、おいしく長く味わうコツなのです。そのためには、保存する食品に合ったサイズの容器を選び、ふたのぎりぎりまでオイルや液体などで満たすようにすると、酸素の侵入を防げます。さらに長期保存させたい場合は、容器の内部の気体を取り除いて真空※状態にするとよいでしょう。

一方、ぬか漬けや味噌など、主に麹菌や酵母菌が呼吸をすることで増殖する食品は、適度な酸素が必要になります。これらは密閉しないで適度に酸素を取り込みながら保存します。同じ発酵食品でも、塩漬けなどの乳酸発酵しているものは酸素は不要なものがほとんど。乳酸菌は酸素があってもなくても生存できますが、より発酵を促し、保存性を高めるには、酸素のない環境がおすすめです。

コツ2 重石を甘く見ない

わざわざ重石を買うのは面倒だし、見た目にもお洒落じゃないし、

8

※ 真空状態（脱気）にする方法

1. 保存食が熱いうちに保存瓶に入れて軽くふたをする。
2. 鍋に湯を沸かし、鍋底にふきんを敷いて保存瓶を並べる。お湯の量は瓶のふたから2cmぐらい下まで。

3. 中弱火で15分加熱。（お湯がふたにかからないように注意）
4. 火傷に注意しつつ瓶を取り出し、鍋つかみなどでふたをギュッと閉める。冷めるまで自然に放置する。

マリネやオイル漬け、佃煮など重石の必要がない保存食もたくさんありますが、塩漬けなど浸透圧で水分を抜きたいものはきちんと重石をしましょう。わざわざ購入しなくても、塩や小麦粉などの粉類を利用すれば、柔軟にかたちが変わるので、まんべんなく重さがかかっておすすめです。

コツ3 保存期間の考え方

自分で保存食を作る場合、賞味期限も自分で判断することになります。発酵食品など時間とともにおいしくなるものもありますが、そうでないものはやっぱり早めに食べ切るのが一番。ふたを開けたときに、嫌な匂いがしたり、黒や赤などの色つきのカビが繁殖していたら腐敗している可能性が高いので、残念ですが食べずに処分しましょう。白いカビのようなものは産膜酵母という酵母菌の場合がほとんどなので、食べても害はありませんが、風味が落ちているこ ともあります。白い部分だけ取り除いてから味を見て判断してください。

また、麹を使った発酵食品やオイル漬けのオイルやマリネ液などが残ったら、中身の食材だけ追加することも可能です。味が薄まっていたら塩分を足すなど調整すれば、長く保存食を楽しめます。

コツ4 温度管理にもコツがある

一般的に食品は低温であればあるほど長持ちします。保存食も大

抵のものは冷蔵保存がおすすめ。ただし、なかには常温（冷暗所）で保管したいものもあります。味噌やぬか漬け、キムチなどの発酵食品です。乳酸菌などの微生物の繁殖が活発になるのは25℃前後。冷蔵庫でも保管できますが、発酵のスピードはゆるやかになり、風味も穏やかになります。

梅干しやらっきょう漬け、アンチョビなども常温で1年保存できます。オイル漬けもオリーブ油やごま油など油の種類によっては低温で固まってしまうものもあるので常温が適しています。

不安だからなんでも冷蔵保存、というのではなく、それぞれの食品に合った温度帯を選びましょう。

コツ5 水気をしっかり取る

酸素と同時に、食品保存の大敵となるのが水分です。腐敗をもたらす細菌やカビの繁殖には酸素と水分が不可欠だからです。反対に、酸素と水分がなければ食品がおいしく長持ちするというわけです。野菜は洗ったら水気はしっかり切るか、拭き取ること。調味料の味が薄まったり、ボケたりするのも防げます。さらにザルに広げて数時間天日に干したり、塩を加えて浸透圧で余分な水分を出したりすることでも保存性はより高まります。

コツ6 季節の食材をうまく使う

梅やらっきょう、山椒の実など、その時季にしか味わえない旬の素材を長く楽しめるように工夫したものが保存食です。一年中出回っているものも多くありますが、やっぱり旬のものが一番おいしく、リーズナブルで、薬効も高くなります。その季節の旬の素材を、見逃すことなくその時季にとらえて、季節を瓶に閉じ込めてくださいね。

春分　晴明　穀雨

立春　雨水　啓蟄

春の食材と保存食

ふきのとう、春かぶ、菜の花、たけのこ。
春は芽吹きの季節。
生命力にあふれる新しいものがたくさん出回ります。

春の食卓

春の到来をいち早く知らせてくれるふきのとうに、
鮮烈な苦味を持った菜の花やたけのこ。
そしてみずみずしい春キャベツやかぶ、新たまねぎ。
いずれも冬から春の体へと
目覚めさせてくれる春の恵みです。
冬の間は体温やエネルギーを逃さないように、
体は栄養も老廃物もため込もうとしますが、
春になると一転、新陳代謝が活発になり、それまで
ため込んだものを排出しようと動き出します。
これを助けてくれるのが春に旬を迎える食材です。
生命力あふれるフレッシュな新ものを取り入れて、
私たちの体も春の体へと切りかえていきましょう。

Main

鯛とかぶの煮物

材料（2人分）

真鯛 … 2切れ
かぶ … 2個
しょうが … 1/4かけ
A ┌ だし汁 … 150mℓ
　├ 塩 … 少々
　├ 酒 … 大さじ1
　└ 醤油 … 小さじ1
くず粉 … 大さじ1/2
　　　（または片栗粉小さじ1、同量の水で溶く）
あれば木の芽 … 1枝

作り方

1　鯛は両面に塩ひとつまみ（分量外）をふって10分ほどおき、水気が出たら拭き取る。かぶは4等分のくし形切りで。しょうがはすりおろし、おろし汁をとっておく。

2　鍋にかぶ、Aを入れてふたをし、中火にかける。沸いたら弱火にしてかぶがやわらかくなるまで7~8分煮る。

3　鯛を加えてさらに3~4分煮て、しょうがのおろし汁を加え、水溶きくず粉で薄いとろみをつける。器に盛り、あれば木の芽を添える。

たけのこのメンマ … P30
たけのこの甘酢漬け … P31
ふきの青煮 … P34
山椒入りきゃらぶき … P35
新たまねぎ黒酢漬け … P36

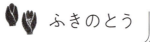 ふきのとう

立春

二十四節気の最初の節気で、暦の上では春が始まる日。例年2月4日ごろで、その前日が節分、節を分ける日になります。

ふき味噌

春まだ浅いころ、真っ先に顔を出す春告げ野菜ふきのとう。デトックス作用の高い苦味の食材はまろやかな味噌とよく合います。

材料（作りやすい量）

ふきのとう … 8~10個（約50g）
ごま油 … 大さじ1
みりん … 大さじ1~2
味噌 … 大さじ2

作り方

1. ふきのとうは洗って水気をしっかり切り、葉の変色した部分を取り除き、みじん切りにする。あく止めするためにすぐにごま油をまぶして混ぜる。

2. フライパンを中火にかけ、1を入れて1~2分炒める。みりんを回し入れてアルコールが飛んだら火を止めて、味噌を加えて混ぜ合わせる。

 冷蔵で2ヶ月ほど保存可能。

16

ふきのとうオイル漬け

苦味をマイルドにしてくれるもう1つの組み合わせがオイル。
採れたてのふきのとうを使えば、アクも少なく、美しい緑色を保ってくれます。

材料（作りやすい量）

ふきのとう … 8〜10個（約50g）
塩 … 適量
好みのオイル
　（米油やごま油、オリーブ油など）
　　… 浸かる程度

作り方

1 ふきのとうは洗って水気をしっかり切り、葉の変色した部分を取り除く。

2 1リットルの水に塩小さじ2を入れ、沸騰したら *1* を入れて30〜60秒ゆでる。

3 色止めに冷水に放ち、水気をしっかり絞る。

4 熱湯消毒した瓶に *3* を入れ、塩ひとつまみと浸かる程度のオイルを加える。

保存 冷蔵で3ヶ月ほど保存可能。

ふきのとうペースト

和食のイメージの強いふきのとうですが、ナッツやにんにくと合わせれば洋風に。
グリルした魚に塗ったり、パスタと和えたりすれば、ほのかな苦味を楽しめます。

材料 (作りやすい量)

ふきのとう … 30g
アーモンドやカシューナッツ
　など好みのナッツ … 5g
にんにく … 1/3かけ
オリーブ油やごま油など
　お好みのオイル … 20ml
塩 … 少々

作り方

1. ふきのとうは熱湯で2〜3分ゆでて水にさらす。水気をしっかり絞ってざく切りにしてさらに絞る。ナッツは粗めに刻む。
2. フードプロセッサーにナッツ、にんにく、1を入れて砕く。
3. 好みのオイルを少しずつ加えてペースト状にし、塩で味を調える。

保存　冷蔵で1ヶ月ほど保存可能。

ふきのとうペーストを使ったアレンジ料理

ささみのふきのとうペースト

材料 (2人分)

ささみ…2本
しょうが…½かけ
ふきのとうペースト…大さじ1

作り方

1. 鍋にささみが浸かる程度の水と薄切りのしょうがを加えて、沸いたらささみを加える。再沸騰したら火を止めて、そのまま8~10分ほどおく。
2. ささみを取り出して筋を取り、手で食べやすい大きさに裂く。ふきのとうペーストとよく混ぜ合わせる。

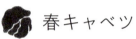 春キャベツ

ザワークラウト

春のやわらかいキャベツを塩だけで発酵させたドイツの伝統的な保存食。キャラウェイシードを少し入れるだけで本格的な味わいに。

雨水

立春から15日目で、現在の2月19日ごろ。寒さも徐々に和らぎ、降る雪もやわらかい春の雨に変わります。この日を待っていたかのように草木が一斉に芽吹き始めます。

材料（作りやすい量）

キャベツ … ½個（約500g）
塩 … キャベツの重量の2％
ローリエ … 1枚
キャラウェイシード … 小さじ1

作り方

1 キャベツは外側の葉を除き、4等分に切る。かたい芯を取り、太めの千切りにする。

2 キャベツの重量を量ってボウルに入れ、塩をふり入れてしんなりするまで手でもみ込む。

3 ローリエとキャラウェイシードを混ぜ、手でギュッと押し込みながら、保存袋に詰める。

4 空気をしっかり抜いて口を閉じる。常温で約2週間ほど発酵熟成させる。

 保存 常温で1ヶ月、冷蔵で2ヶ月ほど保存可能。

かぶのチャンアチ

 春かぶ

チャンアチは韓国のほんのり辛い甘酢漬け。かぶだけでなく、新たまねぎやパプリカ、青梅などいろいろな素材で作れます。

材料（作りやすい量）

- かぶ（大）… 2個
- 赤唐辛子… 1/3本
- A
  - 昆布… 5cm角1枚
  - 醤油… 25ml
  - みりん… 25ml
  - 水… 50ml
- 酢… 25ml

作り方

1. かぶは、くし形切りにして熱湯で1分ゆで、赤唐辛子はへたを落として種を取り、手でちぎる。
2. 熱湯消毒した容器に、かぶと赤唐辛子を入れる。
3. 小鍋にAを入れて中火にかけ、沸いたら弱火にして2～3分加熱する。火を止めて酢を加える。
4. 熱いうちに2に3の漬け汁を注ぐ。冷めたら冷蔵庫で保管する。

保存 漬けて2、3時間で食べることができるが、食べごろは3日目ぐらい。1週間程度で食べ切るのが目安。中身が減ったら、途中で調味液だけ取り出して再加熱し、再びかぶを加えても。

啓蟄

 しらす

「啓」は開く、「蟄」は冬ごもりの虫を意味し、冬眠していた生き物が土から這い出してくるころです。現在の3月5日ごろで、ひと雨降るごとに気温が上がり、春に近づいていきます。

しらすの にんにくオイル漬け

しらすは冷蔵ではあまり日持ちのしない食品ですが、オイルに漬けておけばおいしい時間がぐんと長くなります。

材料（作りやすい量）

しらす…50g
にんにく…1かけ
塩…ひとつまみ
ごま油…80g

作り方

1. にんにくはみじん切りにする。
2. 熱湯消毒した瓶にしらすとにんにくと塩を入れ、ごま油をかぶるほど加えてふたをする。

 保存　冷蔵で2週間保存可能。

しらすのにんにくオイル漬けを使ったアレンジ料理

しらすオイルの春巻きピザ

材料（4個分）

しらすのにんにくオイル漬け
　…大さじ2
新たまねぎ… 1/8 個
春巻きの皮… 2枚
オリーブオイル… 適量
チーズ（ゴーダを使用）… 20g
焼き海苔… 2枚

作り方

1. 春巻きの皮を4等分にし、2枚を重ねてオリーブオイルを薄く塗る。新たまねぎは繊維に沿って薄切りにする。チーズと海苔は手で小さくちぎっておく。

2. 春巻きの皮にたまねぎとしらすのにんにくオイル漬け、チーズをのせてグリルやトースターで2~3分焼く。カリッと焼けたら海苔を散らす。

菜の花

菜の花の粕味噌漬け

春らしい苦味と蕾らしい濃厚な味わいを持つ菜の花。酒粕と白味噌の白い発酵コンビで漬け込めば、鮮やかな緑色の奥深い味わいになります。

材料(作りやすい量)

菜の花…1束(150g)
白味噌…60g
酒粕…40g
みりん…20㎖
塩…小さじ¼

保存 冷蔵で1週間保存可能。

作り方

1 菜の花は塩少々(分量外)を加えた熱湯でかためにゆでて水気を切り、食べやすい大きさに切る。

2 鍋に酒粕とみりん、塩を加えて中火にかけ、よく練り混ぜる。火を止めて白味噌を加えて混ぜ合わせる。

3 密閉袋に2と菜の花を加えてやさしくもみ、冷蔵庫で1日以上漬ける。

菜の花の粕味噌漬けを使ったアレンジ料理

菜の花漬けのいなり寿司

材料 (2人分)

油揚げ (いなり用) … 6枚
A ┌ だし汁 … 200㎖
　├ 醤油 … 大さじ2
　└ みりん … 大さじ3
ごはん … 1合
B ┌ 米酢 … 50㎖
　├ みりん (煮切る) … 大さじ1
　└ 塩 … 小さじ1
しょうが … ½かけ
梅酢 … 大さじ1
菜の花の粕味噌漬け … 100g

作り方

1 油揚げは半分に切り、熱湯をかけて油抜きし、しっかり水気を絞る。しょうがは熱湯をかけて水を切り、梅酢に10分ほど漬けておく。

2 鍋に油揚げを平らに並べ、Aを加えて落としぶたをし、中火にかける。沸いたら弱火にして10分ほど煮含める。

3 炊き立てのごはんにBを混ぜて酢飯を作り、1のしょうがの梅酢漬けを酢飯に混ぜる。

4 3を12個分に丸め、油揚げに1個ずつ詰めて菜の花漬けを飾る。

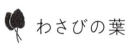
わさびの葉

春分

昼と夜の長さがほぼ同じになる節目のときからで、暑さ寒さも彼岸までといわれるように、桜の開花情報が聞かれるのもこのころからで、いよいよ本格的な春の到来です。

わさびの粕漬け

子どものころから食べていた静岡の郷土料理。わさびのツンとした辛みも、酒粕に漬ければ穏やかに、甘さすら感じられます。酒の肴やごはんのお供に。

材料 (作りやすい量)

わさび … 50g
A ┌ 酒粕 … 50g
  │ 酒 … 小さじ1
  │ みりん(煮切る) … 小さじ1
  └ 塩 … 少々
塩 … 少々

保存 冷蔵で1ヶ月ほど保存可能。

1 わさびは汚れを削り取って5mm程度の角切りにし、塩少々をふって軽くもみ、保存容器に入れてふたをし、30分ぐらいおいて辛みを出す。

2 1にAを加えてよく混ぜ、冷蔵庫で3日以上漬け込む。そのまま食べても、刺身などの和え物に利用しても。

26

わさびの粕漬けを使ったアレンジ料理

鯵のわさび茶漬け

材料(1人分)

わさびの粕漬け
　…小さじ1~2(好みで調整)
鯵(刺身用)…1尾
A ┌ 醤油大さじ…1/2
　├ みりん(煮切る)…大さじ1/2
　├ ごま油…小さじ1
　└ しょうがすりおろし…小さじ1/2
ごはん…茶碗1杯
B ┌ だし汁…150ml
　├ 醤油…小さじ1
　└ 塩…少々
みょうが…1本
青ねぎ…1本
炒りごま…少々

作り方

1 鯵は3枚におろして皮と骨を取り、細切りにしてからAに15分ほど漬け込む。みょうがは千切り、青ねぎは小口切りにする。

2 炊き立てのごはんに*1*とわさびの粕漬けをのせ、よく混ぜ合わせたBをかける。みょうが、青ねぎ、ごまを散らす。

 桜の花

桜の塩漬け

咲きかけの桜の花を塩と梅酢で漬け込めば、そのかわいらしいピンク色を一年中閉じ込めることができます。桜茶や炊き込みごはん、寒天などにも。

材料（作りやすい量）

桜の花
　（七分咲きぐらいの八重桜がおすすめ）
　…100g
塩…桜の重量の20％ほど
赤梅酢…大さじ2

作り方

1. 桜の花はボウルに水を張ってやさしくもみ洗いし、ザルにあげて水分をしっかり切る。
2. 1をボウルに入れて塩をまぶし、密閉袋に入れて空気をしっかり抜き、軽く重石をして2〜3日おく。
3. ザルにあげて水気を切り、密閉袋に戻して赤梅酢を加えたら、空気をしっかり抜いて再び軽い重石をして3〜4日おく。
4. 汁気を切ってザルに並べ、半日ほど陰干しする。
5. 塩（分量外）を全体にまぶして瓶に詰める。

保存 常温で1年間保存可能。

桜の塩漬けを使ったアレンジ料理

桜の山芋蒸しパン

材料(作りやすい量)

山芋 … 50g
はちみつ … 35g
豆乳 … 100g
米粉 … 100g
ベーキングパウダー … 小さじ1
レモン汁 … 小さじ1
桜の塩漬け … 5個

作り方

1. 山芋は皮をむいて、すりおろす。豆乳、はちみつを加えてよく混ぜ合わせる。
2. 米粉とベーキングパウダー、レモン汁の順に加えて手早く混ぜ合わせ、アルミカップの7分目くらいまで生地を入れる。桜の塩漬けをのせる。
3. 15〜20分、蒸気のあがった蒸し器で強火で蒸す。

清明

「清浄明潔」の略で、春の清らかで生き生きとした様子を表した言葉。木々の若葉が一斉に芽吹き、花が咲き誇り、万物が清らかに明るく感じられる季節です。

 たけのこ

たけのこのメンマ

干したけのこを使って作る味つけメンマを、ゆでたけのこで作りやすくアレンジ。ピリ辛味で、ごはんが止まらなくなる一品です。

材料（作りやすい量）

たけのこ（ゆでたもの）…150g
にんにく…1かけ
しょうが…1かけ
長ねぎ…5cm
赤唐辛子…½本
ごま油…大さじ1
A ┌ 醤油…大さじ2と½
　├ みりん…大さじ2
　├ 酒…大さじ2
　└ 酢…小さじ2

1 たけのこは5cm長さ程度の薄切りにする。

2 にんにく、しょうが、長ねぎはみじん切り、赤唐辛子は種を取って小口切りにする。

3 鍋にごま油を入れて中火にかけ、2を加えて香りが立つまで炒め、たけのこを加える。Aを加えてひと煮立ちしたら火を止める。粗熱が取れたら瓶に移して冷蔵で1日以上おく。

 保存　冷蔵で2週間程度保存可能。

30

たけのこの甘酢漬け

たけのこがたくさん手に入ったら、甘酢に漬けてしまいます。独特のえぐ味も食べやすくなるうえ、保存が利くので、つけ合わせに重宝します。

材料（作りやすい量）

たけのこ（ゆでたもの）… 200g
赤唐辛子 … 1/2本
A ┌ 酢 … 大さじ4
　├ みりん … 大さじ2
　└ 塩 … 小さじ1

作り方

1. たけのこは穂先から真んなかの部分は縦に切り、根元の部分はいちょう切りにする。赤唐辛子は種を取って小口切りにする。
2. 熱湯消毒した瓶に1とAを入れる。
3. 落としラップなどをしてふたをする。

保存 1時間程漬ければ食べ始められるが、食べごろは2〜3日後。冷蔵庫で3ヶ月ほど保存可能。

たけのこの塩漬け

ゆでても、すぐに料理に使わないたけのこは塩漬けにしておくのも手。
そのままつまんでもいいのですが、天日に干せば本格的なメンマになります。

材料（作りやすい量）

たけのこ（ゆでたもの）…150g
塩…6g（たけのこの重量の4％）

保存 冷蔵で1ヶ月程度保存可能。1ヶ月以上塩漬けしてから干せば、本格メンマに。＊味付けする場合、P30を参照。

作り方

1 たけのこは穂先は薄切り、根元はいちょう切りにする。

2 ボウルに*1*を入れ、塩をまぶして混ぜ合わせる。

3 密閉袋などに*2*を入れ、空気を抜いて閉じる。

たけのこの塩漬けを使ったアレンジ料理

炸醤麺(ジャージャー麺)

材料(2人分)

中華麺…2玉
ひき肉…100g
干ししいたけ…2枚
塩漬けたけのこ…60g
ねぎ…10cm
にんにく…1かけ
チンゲンサイ…1株
A ┌ 酒…大さじ½
  │ みりん…大さじ2と½
  │ 豆味噌…大さじ1
  └ 醤油…大さじ3
煮干しだし…2カップ
片栗粉…大さじ1と½(同量の水で溶く)
ごま油…適量

作り方

1 干ししいたけは水で戻して軸を除き、たけのこととともに粗みじん切りにする。チンゲンサイはゆでて葉と茎に分けておく。

2 フライパンにごま油小さじ½を熱し、中火でひき肉、しいたけ、たけのこを軽く炒める。ねぎとにんにくを加えて香りが出るまで炒めたら、Aを加えて炒め合わせる。

3 煮干しだしを入れて煮立ったら、水溶き片栗粉でとろみをつける。ごま油大さじ½を回しかけて、あんを仕上げる。

4 中華麺をたっぷりの湯でゆで、ザルにあげて湯を切る。ボウルに入れ、醤油小さじ2(分量外)とごま油小さじ½をからめて混ぜ、器に盛る。*3*をかけ、チンゲンサイを添える。

ふきの青煮

ふき

フレッシュなふきは、美しいグリーンや清々しい苦味を生かして、薄味で煮ます。
青煮にしておけば、ごはんに混ぜたり、和え物にしたりと応用も利きます。

材料（作りやすい量2~3人分程度）

ふき … 2~3本
だし汁 … 1カップ
A ┃ 酒・みりん … 各小さじ2
　 ┃ 塩 … 小さじ1/3
　 ┃ 醤油 … 少々

作り方

1. ふきは葉がついている場合は切り取り（葉は捨てずに取っておき、炒め物や佃煮などに利用する）、鍋に入る長さに切る。
2. まな板にふきを並べ、塩ひとつまみ（分量外）をまぶし、両手で転がして板ずりをする。
3. ふきを太い部分から順に沸騰した鍋に入れ、2~4分（ふきの太さにもよる）ほどゆで、水に取る。
4. 粗熱が取れたら筋を取り、すぐに水につけておく。
5. 鍋にだし汁、Aを入れて火にかけ、煮立ったら4cm長さに切ったふきを加え、ひと煮立ちさせて火を止める。鍋ごと冷水につけて手早く冷まして味を含ませる。食べるときにかつおぶしをかけても。

 保存　冷蔵で4~5日保存可能。

山椒入りきゃらぶき

醤油やみりんでしっかりと味つけしたきゃらぶきは昔ながらの保存食。
同じ時季に出回る山椒の実を加えて煮れば、味つけにメリハリが生まれます。

材料（作りやすい量）

ふき（茎のみ）… 100g
実山椒 … 大さじ1
A ｜ 酒 … 50mℓ
　 ｜ みりん … 25mℓ
　 ｜ 醤油 … 大さじ1
醤油 … 大さじ½

作り方

1　ふきは鍋に入る長さに切り、まな板にのせて塩ひとつまみ（分量外）をまぶし、両手で転がして板ずりをする。実山椒は熱湯で3〜4分ゆでて、1時間ほど水にさらす。

2　たっぷりの熱湯にふきを入れて2〜4分ほどゆでて水に取る。粗熱が取れたら筋を取り、すぐに水につけておく。

3　太い部分は縦半分に切って4cm長さに、細い部分は4cm長さに切る。

4　フライパンにふき、A、水気を切った実山椒を入れて中火にかけ、煮立ったら落としぶたをし、火を弱めて20分ほど煮る。

5　仕上げに強火にかけ、煮汁が少なくなったら醤油を加える。

 保存　冷蔵で1ヶ月保存可能。

 新たまねぎ

新たまねぎ黒酢漬け

手軽ながら、甘みと酸み、辛み、塩辛い味が一度に味わえる小鉢です。
黒酢にすることでよりコクや深みがアップ。梅シロップの隠し味も利いています。

材料（作りやすい量）

新たまねぎ … 1個(200g)
赤唐辛子 … 1/2本
A ┌ 昆布 … 5cm角1枚
　├ 醤油 … 1/4カップ
　├ みりん … 1/4カップ
　└ 水 … 1/2カップ
黒酢 … 1/4カップ
あれば梅シロップ … 大さじ1
　（味の深みが増す）

作り方

1 新たまねぎは皮をむき、くし形切りにする。赤唐辛子は種を取り、手でちぎる。

2 熱湯消毒した容器に、新たまねぎと赤唐辛子を入れる。

3 小鍋にAを入れて中火にかけ、沸いたら弱火にして2〜3分加熱する。火を止めて黒酢を加える。＊梅シロップを入れる場合はここで。

4 熱いうちに*2*に*3*の漬け汁を注ぐ。

保存 冷めたら冷蔵庫で保管する。漬けて2、3時間で食べることができるが、食べごろは3日目ぐらい。冷蔵で3週間保存可能。

新たまねぎ梅酢漬け

新たまねぎだからこそ辛みが穏やかでみずみずしい味わいに。ほんのりピンク色に染まった姿もかわいらしく、お弁当やつけ合わせに花を添えてくれます。

材料（作りやすい量）

新たまねぎ … 1個（200g）
A ┌ 赤梅酢 … 大さじ3
　│ 米酢 … 大さじ1
　└ みりん（煮切る）… 大さじ1

作り方

1　新たまねぎは皮をむき、繊維に沿って1cm厚さに切る。
2　保存容器に *1* を入れ、Aを注ぐ。全体が浸かるようにときどき混ぜて、1日以上おく。

保存｜冷蔵で3週間保存可能。

穀雨

春の最後の節気で、現在の4月20日ごろ。穀物に実りをもたらす雨がしっとりと降り注ぎ、新芽や若葉はぐんぐんと育ち、若葉萌える新緑の季節です。

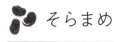 そらまめ

豆板醤

フレッシュなそら豆に麹を加えた
作りやすいアレンジで本格中華の味に。

材料（作りやすい量150g程度）

そらまめ（さやから出して）… 100g
韓国唐辛子（粉末）… 15g
塩 … 20g
米麹 … 15g
　（乾燥麹は半量の水で戻してから使う）

 保存　熱湯消毒した瓶に詰めてラップで表面を覆い、半年以上寝かせる。常温で1年以上保存可能。

作り方

1　そらまめをやわらかくなるまで蒸し（15分ほど）、薄皮をむく。

2　すり鉢などでなめらかになるまですりつぶす（フードプロセッサーを使ったり、ジップロックなどに入れて手でつぶしたりしてもよい）。

3　2に塩、唐辛子、米麹を加えてよくすり合わせる。

豆板醤を使ったアレンジ料理

えびの豆板醤焼き

材料(1人分)

えび…6尾
酒…小さじ1
塩…少々
長ねぎ…½本
ごま油…大さじ1
A [酒、醤油、みりん、
　　豆板醤…各小さじ1
白炒りごま…適量

作り方

1. えびは殻をむいて背わたを取り、酒と塩をふっておく。長ねぎは斜め薄切りにする。
2. フライパンにごま油を入れて弱火にかけ、汁気を切ったえびと長ねぎを入れて薄く焼き色がつくまで焼く。
3. Aを混ぜ合わせて2に加え、炒め合わせる。器に盛って白ごまをふる。

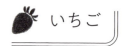 いちご

いちご
コンフィチュール

白ワインとレモン汁、はちみつで煮た甘さ控えめのさっぱり味。
マフィンなどの焼き菓子に添えたり、ムースなどの冷菓に加えたりしても。

材料（作りやすい量）

いちご … 200g
はちみつ … 60g
塩 … 少々
レモン汁 … 大さじ2
白ワイン … 大さじ1
　＊はちみつの代わりに砂糖でも。

作り方

1. いちごは洗ってへたを取り、水分を拭き取る。
2. ホーローや銅鍋にいちご、はちみつ、塩、白ワイン、レモン汁を入れ、30分ほどおく。
3. 2の鍋を弱火にかけ、あくを取りながら20分ほど炊く。

保存 熱湯消毒した瓶に詰めてふたをし、冷蔵で2週間程度保存可能。

夏至　小暑　大暑

立夏　小満　芒種

夏の食材と保存食

梅、びわ、なす、きゅうり……。
食欲の落ちやすい時季には、
みずみずしい夏野菜で暑さを吹き飛ばしましょう。

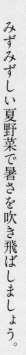

気温も湿度も高い夏は、からだのなかにも余分な熱や水分がたまりやすくなります。ついつい冷たい飲みものや生ものを取りすぎてしまいがちですが、これが夏バテの一因に。胃腸の働きが悪くなって、消化不良や食欲不振、下痢などを起こしやすくなります。
きゅうりやトマト、なす、冬瓜などの夏野菜は、からだを冷やす性質のものがほとんどで、からだのほてりを適度に冷ましてくれます。汗とともに失った水分やミネラル補給にも最適。旬の野菜で暑さに負けないからだを作りましょう。

Main
だしのせそうめん

材料 (2人分)

なす … 1本 (約40g)
しそ … 5枚
きゅうり … ½本
みょうが … 1本
長芋 … 40g
A ┌ だし汁 … 20mℓ
　├ 醤油 … 大さじ2
　├ 酢 … 小さじ2
　└ みりん (煮切る) … 大さじ1
そうめん … 2把
炒りごま … 適量

作り方

1 長芋は皮をむき、野菜はすべて7mm程度の角切りにする。なすは水に3~4分さらしてザルにあげて水気を切る。

2 Aをよく混ぜ合わせ、*1* を加える。

3 そうめんを表示通りにゆで、*2* をかけて炒りごまをふり、よく混ぜながらいただく。

梅ハニーサワー … P55
きゅうりのパリパリ漬け … P69

44

立夏

新暦5月5日ごろで暦の上では夏の始まり。気温はさほど高くありませんが、陽の光は一年で最も強くなります。新緑がきらめく、さわやかな風の吹き抜ける心地よい季節です。

 うど

うどのオイル漬け

苦味が少ないうどは、生食も可能で、穂先から細い茎や皮まですべて食べられます。シンプルなオイル漬けにしてパスタやスープにアレンジを。

材料（作りやすい量）

うど穂先 … 2～3本分（約75g）
米油（またはオリーブオイル）
　… かぶる程度
塩 … ひとつまみ

作り方

1　うどの穂先は、酢少々（分量外）を加えた水に2～3分さらす。
2　熱湯消毒した瓶に、うどと塩を加え、かぶる程度の米油を加える。

保存　冷蔵で2週間ほど保存可能。

うどのマリネ

うどのみずみずしさとさわやかな香り、ほのかな苦味を穏やかな酸味のマリネにして、そのまま閉じ込めました。箸休めに最適です。

材料(作りやすい量)

うどの茎の部分…2〜3本(約100g)
A ┌ 酢…大さじ3
　　　(一部をレモン汁にしても)
　├ はちみつ…大さじ1
　├ 塩…少々
　└ こしょう…少々
赤唐辛子…1/3本
ローリエ…好みで1枚

保存 冷蔵で2週間ほど保存可能。

作り方

1　うどの茎は皮をむき、3〜4cmの長さに切って、酢少々(分量外)を加えた水に2〜3分さらす。赤唐辛子は種を取る。

2　塩ひとつまみ(分量外)を加えた熱湯でうどを1分ほどゆでてザルにあげる。

3　熱湯消毒した瓶に、水気をしっかり拭き取ったうどを加える。

4　3の瓶に、よく混ぜ合わせたAを注ぎ入れ、赤唐辛子と好みでローリエを加える。1時間ほどおいたら食べられる。

グリーンピース

グリーンピースのオイル漬け

すぐにかたくなったり、変色したりしやすいグリーンピースは、オイルでふたをすると、比較的色と風味が長持ちします。そのままパスタやスープ、ピラフなどに。

材料（作りやすい量）

グリーンピース（さやつきで）…180g
塩…小さじ1
米油またはオリーブ油…かぶる程度

作り方

1 グリーンピースはさやから出し、熱湯に塩ひとつまみ（分量外）を加えて4〜5分ゆでてザルにあげる。

2 グリーンピースの水気をしっかり切って熱湯消毒した保存容器に入れ、塩をまぶして、米油をかぶる程度注ぐ。

保存 冷蔵で2週間ほど保存可能。

グリーンピースのオイル漬けを使ったアレンジ料理

グリーンピースのスープ

材料(2人分)

グリーンピースのオイル漬け
　…大さじ4
オイル漬けのオイル…大さじ2
たまねぎ…(小)1個
たまねぎ麹(または塩麹)…小さじ2
水…300mℓ
塩…少々
黒こしょう…少々

作り方

1　たまねぎは薄切りにする。
2　鍋を中火にかけ、グリーンピースのオイル漬けのオイルとたまねぎを加えて炒める。
3　たまねぎがしんなりしたら、グリーンピースのオイル漬けとたまねぎ麹、水を加える。
4　沸いたら弱火にして10分ほど煮込み、ハンドミキサーなどで攪拌する。塩で味を調えて器に盛り、好みで黒こしょうをふってオイル(分量外)をたらす。

小満

陽の光がいっそう強まり、万物が生長して天地に満ちるころ。麦の穂が育ち、ほっとひと安心することから、小さな満足＝小満といわれます。昨年の秋に蒔いた

山椒の実

ちりめん山椒

小満の短い期間にだけ出回る季節の味。甘辛味のじゃこに、ピリリと辛い山椒が入ることで格段にさわやかで上品な味わいに。

材料（作りやすい量）

山椒の実 … 大さじ2
ちりめんじゃこ … 80g
A ┌ 酒 … 150㎖
　├ みりん … 大さじ3½
　└ 醤油 … 大さじ3

作り方

1　山椒の実は小枝から外して洗い（やわらかい軸はそのままでも）、熱湯1ℓに塩小さじ1（分量外）を入れて4〜5分ゆでて1〜2時間ほど水にさらす。
＊かじってみてまだ辛みが強いときはさらす時間を長くする。
えぐみが抜けて、好みの辛さになったらザルにあげて水気を切る。

2　鍋にAを入れて中火にかけ、沸いたらちりめんじゃこを加えて、弱火でふたをして10分ほど炊く。

3　水気を切った山椒の実を加え、水分がなくなるまで煮詰める。

 保存　冷蔵で2週間ほど保存可能。

山椒ラー油

山椒の実は、ゆでてから塩漬けや醤油漬けにするほか、ごま油とじっくり炒って
ラー油にしても。麺類や炒めものにひと回しするだけで香り高く、パンチが出ます。

材料（作りやすい量）

山椒の実 … 20g
ごま油 … 50g

作り方

1 山椒の実は小枝から外して洗い、水気をしっかり切っておく。

2 山椒の実とごま油を鍋に入れ、160℃ぐらいの低温で5～6分加熱する。山椒の実が茶色くなり、粗熱が取れたら保存瓶に移す。

 常温で半年ほど保存可能。

芒種

新暦6月6日ごろで、芒とは麦や稲などの籾殻にあるトゲのような突起のことを意味します。この時季に芒のある植物の種を撒いたり、麦類の刈り入れをします。

梅

梅干し

「梅はその日の難逃れ」といわれ、疲労回復や消化促進、毒消しなど、さまざまな効能があります。1年に1度、手作りすれば何年でももちます。

材料（作りやすい量）

黄梅（完熟）… 1kg
塩 … 120g
保存瓶 … 2ℓ程度
（＊重石をする場合は梅の重量と同程度）
〈赤しそにつける場合〉
- 赤しそ … 200g（梅の重量の20％）
- 塩 … 40g（赤じその重量の20％）

梅酢（漬けた梅から出たエキス）
　… 大さじ2

 干した後、梅酢に戻しても、梅干しと梅酢を別々に保存してもよい。常温で1年以上保存可能。

作り方

1 梅は洗って水気を拭き取り、竹串でなり口を取る。容器に塩と交互に加える。

4 梅酢を3に加え混ぜ、鮮紅色の汁が出るまでもむ。

2 ときどき瓶をゆすって塩をまんべんなく行き渡らせ、梅酢をしっかりあげる。
＊赤しそを入れない場合は6に進む。

5 塩漬けしている梅の上に、4を汁ごと加える。

3 赤しそに塩の1/3を加え、よくもんでアクを捨てる。これを3回繰り返す。

6 梅雨明けごろ、3日間天日に干す（連続でなくてもよい）。赤しそと梅酢の瓶も一緒に干す。
＊赤しそはゆかりになります。

カリカリ梅

さまざまな梅のなかでも最初に出てくる青くかたい小梅。この梅に卵の殻のカルシウムを加えてカリカリに。仕上がったら冷蔵庫で保存するのもかたさを維持するコツです。

材料（作りやすい量）

青い小梅 … 500g
塩 … 50g
酢 … 大さじ3
卵の殻 … 2個分

作り方

1. 小梅はよく洗い、水に1時間つけてアク抜きする。卵の殻は熱湯で5分ほどゆでて薄皮をむき、2時間ほど天日に干して乾燥させる。
2. 小梅の水気をしっかり拭き取り、なり口を竹串で取り除く。
3. ボウルに小梅を入れ、酢を回しかける。
4. 分量の半量の塩を加える。
5. 1つ1つに塩をしっかりまぶしつけ、ゴリゴリすって傷をつけて追熟を止める。
6. 熱湯消毒した瓶に梅と、お茶パックに入れた卵の殻を入れ、残りの塩をふり入れる。200g程度の重石をし、梅酢が上がれば冷蔵庫に入れて保存する（カリカリ梅は干さなくてよい）。

保存 常温で2週間ほどおいて梅酢が上がれば冷蔵で1年保存可能。

梅ハニーサワー

梅にはちみつとりんご酢を加えて作るさわやかなドリンク。
ほどよい酸味が夏バテ解消に役立ちます。青梅でも黄梅でも作れます。

材料（作りやすい量）

黄梅（完熟）または青梅 … 500g
はちみつ … 125g（梅の重量の25%）
りんご酢 … 225ml（梅の重量の45%）

 保存　常温で1ヶ月、冷蔵で半年ほど保存可能。

作り方

1. 梅は洗って水気を拭き取り、竹串でなり口を取って数ケ所穴を開ける。
2. 保存瓶に1を入れ、はちみつとりんご酢を加える。
3. ときどき瓶をゆすって、梅全体がはちみつと酢に浸かるようにする。2週間後ぐらいから飲み始められる。3ヶ月くらいで梅は取り出し、冷蔵で保存する

梅ジャム

熟しすぎたり、傷んだりした梅を活用した砂糖不使用のジャム。梅はペクチンが強く、冷めるとかたくなるので煮詰めすぎずに。下ゆでするとアクのないすっきりした味に。

材料（作りやすい量）

黄梅（完熟）…500g
はちみつやてん菜糖など
　好みの甘味料…100g

作り方

1. 梅は洗って水気を拭き取り、竹串でなり口を取り、傷んでいる部分は削り取る。
2. 梅を鍋に入れてかぶるくらいの水を注ぎ、中火にかける。沸いてきたら弱火にし、梅がやわらかくなるまでゆでる。
3. 2の湯を捨て、果肉から種を取り除く。
4. 3に好みの甘味料を加えて中火にかける。アクを取りながらとろみがつくまで煮詰める。冷めるとかたくなるのでゆるめで止める。
5. 熱いうちに保存容器に移し、すぐにふたをして室温で冷ます。

 保存　冷蔵で半年ほど保存可能。

台湾茶梅

梅を烏龍茶とはちみつに漬け込んだ、ほんのり甘酸っぱい台湾のお茶請け。そのまま食べても、果肉をほぐして水で割っても、茶葉にお湯を注いで飲んでもおいしいです。

材料（作りやすい量）

黄梅 … 500g
塩 … 35g
はちみつ … 250g（梅の重量の50％）
烏龍茶葉 … 25g（梅の重量の5％）

保存 1ヶ月後ぐらいから食べ始められ、常温で1年保存可能。梅はそのままお茶請けとして、エキスにお湯を注いでお茶としても楽しめる。

作り方

1. 梅は洗って水気をしっかり拭き取り、なり口を竹串で取り除く。
2. 熱湯消毒した瓶に梅と塩を入れ、ふたをして冷暗所におく。
3. 3～4日して梅酢が上がったら、ザルにあげて梅の汁気をきり（梅酢は取っておくとよい）、再び瓶に梅、はちみつ、烏龍茶葉の順に交互につ漬ける。

らっきょう

らっきょうの塩漬け

らっきょうが手に入ったら、まずはシンプルに塩だけで漬け込みます。その後で甘酢や黒酢に漬け直すことができます。そのまま刻んでソースにしたり、豚肉と炒めたりしても。

材料 (2人分)

生らっきょう … 1kg
水 … 300mℓ
塩 … らっきょうの根や皮を取り除いた重量の10%（約90g程度）

保存 2週間ほどで食べ始められ、冷暗所で1年保存可能。
＊食べるときに塩気が強く感じる場合はたっぷりの水に2~3時間漬けて塩抜きしてから使う。
＊塩けらっきょうは、酢（塩漬けらっきょうと同量）、はちみつ（塩漬けらっきょうの重量の25%）、赤唐辛子（1/2本程度）を加えた甘酢に漬ければ、定番の甘酢漬けになる。

作り方

1. らっきょうは株が繋がっているものは1つずつにはがし、ひげ根と茎の先のかたい部分を切り落とす。
2. 大きめのボウルにたっぷりの水（分量外）をはり、*1* のらっきょうを加えてごしごしとこすり洗いしながら薄皮をむく。
3. ザルにあげて水気をよく切り、薄皮が残っていたらむく。もし傷んでいたらもう1枚皮をむく。
4. ボウルに *3* を入れ、塩を加えて1つ1つにまぶしつける。
5. 熱湯消毒した容器に *4* のらっきょうを入れる。
6. *4* のボウルに水を入れて、残っている塩とともに *5* の瓶に加える。
7. ふたをして冷暗所で保存する。ぷくぷくと泡がたって乳酸発酵してきたら、ときどきふたを開けてガス抜きする。

らっきょうの塩漬けを使ったアレンジ料理

らっきょうの梅酢漬け

材料 (作りやすい量)

らっきょうの塩漬け … 200g
梅酢 … 1/2カップ
はちみつ … 50g
赤唐辛子 … 1/2本

 保存 冷暗所で1年保存可能。

作り方

1. らっきょうの塩漬けを2~3時間水につけて塩抜きする。
2. 保存瓶に梅酢、はちみつ、水気をしっかり切ったらっきょうを加え、種を取った赤唐辛子を加える。冷暗所に2~3週間おく。

らっきょうの塩漬け

らっきょうの梅酢漬け

 びわ

びわのコンポート

はちみつで煮たコンポートは、びわの繊細な酸味やフレッシュな風味を引き立ててくれます。そのまま食べても、ヨーグルトにかけたり、ケーキなどの焼き菓子に加えたりしても。

材料（作りやすい量）

びわ…5個
水（または白ワイン）…100㎖
はちみつ…20g
レモン汁…小さじ1

作り方

1 びわは包丁で1周切り込みを入れる。くるっとひねって半分にしたら、スプーンを使って種と白い薄皮を取る。

2 皮をむいて、鍋にすべての材料を入れた中に加える（空気にふれると、茶色くなるのでむいたらすぐに浸ける）。

3 中火にかけ沸騰してきたら、弱火にして3~4分煮る。熱湯消毒した保存容器に移す。

保存　冷蔵で1週間ほど保存可能。

びわのアマレット

アプリコット（杏）の種のなかにある杏仁を原料に作られたリキュール、アマレット。
同じバラ科のびわの種でも作れ、蒸留酒に漬けるだけで、えもいわぬ豊潤な香りに。

材料（作りやすい量）

びわの種…5個分
ウイスキーやブランデーなど
　アルコール度数が高めのお酒
　…500㎖
シナモンスティック…1本

作り方

1. びわの種を洗い、1時間ほど干してしっかり乾かす。
2. 瓶に1を入れ、お酒とシナモンスティックを加える。冷暗所で保存し、3ヶ月後ぐらいから飲み始められる。

 保存　冷暗所で1年保存可能。

夏至

字のごとく夏に至る、ここから夏が始まるという意味です。一年で最も昼の時間が長く、「陽」の気が最も旺盛になる日です。「日長きこと至る(きわまる)」とされ、

 トマト

トマト麹

うま味成分グルタミン酸の豊富なトマトに、米麹を加えて発酵させた野菜麹は、天然のうま味調味料。料理が驚くほど深みのある味わいに。

材料 (作りやすい量)

トマト … 100g
生米麹 … 100g
塩 … 30g

＊乾燥麹の場合は、半量のぬるま湯を加えて30分ほどおいて戻して使う。

作り方

1. トマトはみじん切りにするか、ミキサーにかける。

2. すべての材料をよく混ぜ合わせて、熱湯消毒した保存容器に詰めてふたを軽く閉める。
　＊ふたをきっちりすると発酵してふたが飛ぶことがあるので注意を。

3. 常温で発酵させ、一日1回よくかき混ぜる。4、5日して麹がやわらかくなってとろりとしたらできあがり。

保存 完成後は冷蔵庫で保存し、2週間ほどを目安に食べ切る。

トマト麴を使ったアレンジ料理

チリコンカン

材料 (作りやすい量)

金時豆 (ゆでたもの)
　…100g
たまねぎ…1個
にんじん…1本
豚挽き肉…100g

赤ワイン…50ml
トマト麴…100g
トマトの水煮缶…200g
にんにく…1かけ
梅干し…2個
ローリエ…2枚

A ┌ チリパウダー…大さじ1
　│ クミンパウダー…小さじ1
　│ 醤油…大さじ2
　└ 味噌…大さじ1
塩、こしょう…各少々
オリーブオイル…小さじ1

作り方

1. たまねぎ、にんじんは1cm角に切る。にんにくはみじん切りにする。
2. 鍋を中火にかけてオリーブオイルを入れ、ひき肉を炒める。色が変わったら 1 を加えてさらに炒める。
3. 金時豆と赤ワイン、トマト麴、トマトの水煮、梅干し、ローリエを加えて中火で20分ほど煮込む。
4. Aを加え、煮汁が少なくなるまで煮込み、塩こしょうで味を調える。

ケチャップ

みずみずしいトマトがたくさん出回る旬の時季にまとめて作っておきたいケチャップ。
市販品とは一味違うさっぱりとしたフレッシュな風味が魅力です。

材料(作りやすい量)

生トマト(ホールトマト缶でも) … 300g
セロリ … 1/2本
たまねぎ … 1/2個
にんにく … 1かけ
しょうが … 1/2かけ
A[塩麹 … 大さじ1
　 ローリエ … 1枚
　 クローブパウダー … 小さじ1/2
　 ブラックペッパーパウダー
　　 … 小さじ1/2
　 シナモンスティック … 1/2本
　 赤唐辛子 … 1/2本
　 りんご酢 … 大さじ1
　 みりん … 大さじ1]

作り方

1. トマトはへたを取ってお尻に十字の切り込みを入れて20秒ほど熱湯につけて湯むきする。セロリ、たまねぎはみじん切り、にんにく、しょうがはすりおろす。

2. 1とAを鍋に入れ、中火にかける。

3. 沸いたら弱火にしてトマトをつぶしながら濃度が出るまで40~50分ほど煮詰める。

4. 火を止めてローリエ、シナモンスティックを取り出し、ミキサーにかける。

 保存　熱湯消毒した保存容器に移し、冷蔵で保存する。1ヶ月を目安に食べ切る。

ドライトマトオイル

ミニトマトを刻んで天日に干しておけば、甘みもうま味も濃縮して極上の調味料に。
干してからオイルに漬ければ、戻す手間なくすぐに料理に使えます。

材料（作りやすい量）

ミニトマト…20個
オリーブ油…かぶるほど
好みでローリエ1枚や
　赤唐辛子1/2本

 保存　常温で1年保存可能。

作り方

1　ミニトマトは半分に切り、ザルに重ならないように並べる。

2　天日で1日干す。水分がしっかり抜ければOK（干せない場合は、130℃のオーブンで80分ぐらい加熱し、そのまま30分ほど余熱を入れればOK）。

3　熱湯消毒した瓶に *2* を入れ、トマトがかぶるほどオリーブオイルを注ぐ。好みでローリエや赤唐辛子などを加えても。

ミントシロップ

すがすがしい芳香成分が夏バテ気味の胃腸を刺激して、食欲不振や胃もたれを改善してくれる初夏にぴったりのドリンクです。水やソーダ、紅茶、牛乳で割っても。

材料（でき上がり100mℓ）

ミントの葉 … 50g
はちみつ … 30g
水 … 100mℓ

作り方

1. ミントは葉の部分を茎から取り、洗っておく。鍋で湯を沸かし、ミントを加えて15秒ほどゆでる。冷水にとり、水気をしっかり切る。
2. 1をフードプロセッサーにかけて細かく刻む。
3. 鍋に2と水を加えて加熱し、沸騰後1〜2分して火を止める。はちみつを加え、10分ほどそのまま放置して蒸らす。
4. シロップを茶漉しやザルを使って濾し、熱湯消毒した密閉瓶に移す。粗熱がとれたら冷蔵庫で保存する。

 保存 冷蔵で3週間ほど保存可能。

小暑

7月7日の七夕のころで、日に日に暑さが厳しくなり、夏が本格化する時季。小暑と次の節気の大暑の期間を合わせて「暑中」といいます。

＋ きゅうり

水キムチ

米の研ぎ汁を入れて発酵を促した、韓国の汁ごと味わえるキムチ。
すっきりとした味わいで辛さ控えめで食べやすい。

材料（作りやすい量）

きゅうり…2本（約200g）
梨…½個
米の研ぎ汁…2カップ
昆布…5cm角1枚
塩…小さじ1
A ┌ しょうがの絞り汁…小さじ1
  │ はちみつ…小さじ1
  │ 酢…大さじ1
  │ レモン汁…大さじ1
  │ つぶしたにんにく…1かけ
  └ 赤唐辛子（種を取る）…½本

作り方

1. きゅうりは4cm長さに切って縦半分にする。塩少々（分量外）をふって10分ほどおき、水気を切る。梨は皮をむいて薄切りにする。
2. 鍋に米の研ぎ汁と昆布を入れて火にかけ、煮立ったら昆布を取り出して塩を加える。
3. 2の粗熱が取れたら容器に移し、Aと1を加えて冷暗所で2日以上おく。

 保存 冷蔵で2週間保存可能。

オイキムチ

「オイ」は韓国語できゅうりのこと。赤唐辛子や香味野菜で漬けた浅漬けのキムチ。
乱切りにして和えるだけの簡単レシピにアレンジしました。

材料

きゅうり … 2本
塩 … きゅうりの重量の2％
A ┃ 韓国唐辛子(粗挽き) … 小さじ2
　　　(なければ一味唐辛子小さじ1)
　　アミの塩辛(なかったら
　　　ナンプラーでも) … 小さじ2
　　長ねぎ … 3～4cm程度 小さじ2
　　にんにく … 1/2かけ
　　しょうが
　　　… みじん切りにして1/3かけ
　　炒りごま … 小さじ1/2
　　はちみつ … 小さじ1/2

作り方

1　きゅうりは洗ってへたを取って乱切りにして、塩をまぶしてしばらくおく。長ねぎ、にんにく、しょうがはみじん切りにする。

2　ボウルに水気をしっかり切ったきゅうりを入れ、Aを加えてよく混ぜ合わせ、熱湯消毒した保存容器に入れる。すぐに食べられるが、1～2日おくとよくなじむ。

 保存 冷蔵で2週間ほど保存可能。

きゅうりのパリパリ漬け

きゅうりを一度天日に干してから調味液に漬け込むことで、パリパリの食感に。
干せないときは、加熱して冷ますを2~3回繰り返すと同様の食感になります。

材料（作りやすい量）

きゅうり … 2本（約200g）
しょうが … 10g
A ┌ 醤油 … 大さじ4と½
　├ みりん … 大さじ3と½
　└ 酢 … 大さじ1

作り方

1　きゅうりは両端を落として1cm厚さの輪切りにしてザルに並べ、半日天日で干す。

2　しょうがはせん切りにする。

3　Aを鍋に入れて強火にかけ、沸騰したらきゅうりとしょうがを加え、ひと煮立ちしたら火を止めて冷ます。＊天日に干せないときは、「ひと煮立ちしたら火を止めて冷ます」を2~3回繰り返す。

4　熱湯消毒した瓶に入れ、冷暗所で2時間以上おく。

 保存　冷蔵で2週間保存可能。

 冬瓜

大暑

多くの地域で梅雨明けを迎え、1年で最も暑さが厳しく感じられる時季。セミの鳴き声が響き渡り、むくむくとした入道雲の夏らしい空が広がります。

乳酸冬瓜

冬瓜を塩水に漬けて乳酸発酵させた夏らしい漬物。淡白な味わいの冬瓜が発酵による酸味をまとうことで、驚くほど味わい深い一品になります。

材料（作りやすい量）

冬瓜 … 200g
塩 … 6g
赤唐辛子 … 1本
にんにく … 1かけ

作り方

1 冬瓜は皮をむき、わたはつけたまま種だけを竹串などで取り除き、食べやすい大きさに切る。赤唐辛子は種を取って2～3等分にちぎり、にんにくは薄皮をむいて包丁の背でつぶしておく。

2 1の冬瓜を保存容器に入れ、塩を加えてよくふり、まんべんなく行き渡らせる。赤唐辛子、にんにくを加えてふたをする。

3 すぐに水がたっぷりあがってくるので、そのまま2～3日室温におく。ぷくぷくと乳酸発酵してきたら食べごろ。

保存 好みの酸味になったら冷蔵庫に移し、3週間程度を目安に食べ切る。

なす

なすのピリ辛漬け

からだを冷やす性質のなすは、温める辛子で漬け込むことでバランスがよくなります。マイルドな甘みのなかに、ピリリとした辛みが利いて箸が進みます。

材料（作りやすい量）

- なす … 4本（約240g）
- 塩 … 10g（なすの重量の4.5%）
- 粉辛子 … 6g
- 水 … 小さじ2弱
- A
  - みりん（煮切る） … 40㎖
  - 醤油 … 50㎖
  - 酢 … 10㎖

保存 1時間後には食べられ、冷蔵で2週間ほど保存可能。

作り方

1. なすは8㎜〜1cm幅の斜め切りにする。
2. ボウルに *1* を入れて塩を加え、軽くもんで30分ほどおく。水気が出たらしっかり絞る。
3. 小さいボウルに粉辛子を入れ、水を少量ずつ注いで混ぜる。ボウルを逆さにしても落ちないかたさになったら、そのまま10分ほどおく。
4. *2*にAと*3*の辛子を入れ、やさしくもみ混ぜる。全体がなじんだら、保存袋に入れて空気を抜いて閉じる。

しば漬け

なすと赤しそと塩だけで乳酸発酵させます。なすの皮の色素と乳酸が反応することで、鮮やかな赤紫色に染まるのも楽しい。好みでみょうがやきゅうりを加えても。

材料（作りやすい量）

なす…6本（約350g）
赤じそ（葉のみ）
　…70g（なすの重量の20％）
塩…21g（なすの重量の6％）

作り方

1. 赤じそは洗ってザルに広げ、水気をしっかり切っておく。なすはへたを取って5mm厚さの縦薄切りにする。
2. 保存容器に大きめのポリ袋を入れ、塩を薄くふり入れ、なすを4～5枚重ならないように並べる。
3. なすの上に塩をふり、赤じそを重ねる。同じように、塩→なす→塩→赤じその順に重ね、一番上は赤じそと塩で覆うようにする。袋の中の空気をしっかり押し出してから袋の口をねじって閉じ、なすの重量と同程度の重石をのせて冷暗所で保存する。

＊2～3日で水分がたっぷりと上がってくるので、こぼれないように注意を。なすは常に水分に浸かっているように。

保存 2週間ほどで酸味が出て好みの味になったら、熱湯消毒した密閉できる容器に移しかえ、冷蔵庫で保存する。冷蔵で1年保存可能。

なすの辛子漬け

なすは唐辛子やコチュジャンとの相性抜群。薬味もたっぷり加えて甘辛味に。
韓国産の粉唐辛子がなければ、一味唐辛子や赤唐辛子の小口切りで代用を。

材料（作りやすい量）

なす … 2本
塩 … ひとつまみ

A［にんにく … 1かけ
　しょうが … 1/3かけ
　醤油、ごま油、みりん
　　… 各小さじ2
　韓国産の粉唐辛子 … 大さじ1
　コチュジャン … 小さじ1
　炒りごま … 小さじ1］

糸唐辛子 … 適量

作り方

1. なすは乱切りにして塩をふってもんでおく。にんにく、しょうがはみじん切りにする。
2. Aをボウルに入れてよく混ぜ合わせる。
3. なすの水気をしっかり絞って2のボウルに入れ、よく混ぜ合わせる。
4. 熱湯消毒した保存容器に入れてふたをして冷蔵庫で1時間以上おく。お好みで糸唐辛子をのせる。

保存 冷蔵で2週間ほど保存可能。

しそ

しそピリ辛漬け

辛みの利いた韓国風の漬物。ぜひ炊きたてごはんの上にのせて海苔のように巻いて食べて。しその葉が少なくなったら、残っているタレにしそを追加しても。

材料（作りやすい量）

青じそ … 10枚
A ┌ にんにく … 1かけ
　│ 醤油、ごま油、みりん
　│ 　… 各小さじ2
　│ コチュジャン … 小さじ1/2
　│ 韓国唐辛子（粗挽き）
　│ 　… 小さじ1/2
　│ （なければ赤唐辛子の
　└ 　小口切り1/2本分でも）

作り方

1 青じそは洗って水気を拭く。にんにくはみじん切りにする。
2 Aをボウルに入れてよく混ぜ合わせる。
3 保存容器に青じそを1枚入れ、2を塗ってまた1枚青じそを重ねる。これを繰り返し、表面をラップなどで覆い、ふたをして冷蔵庫で1時間以上おく。

 冷蔵で2週間保存可能。

しそ塩オイル漬け

塩とごま油のシンプルな組み合わせですが、こちらもピリ辛漬けに負けないごはん泥棒。おにぎりに巻いたり、キンパのような海苔巻きに加えたりするのもおすすめ。

材料（作りやすい量）

青じそ … 10枚
A ┌ ごま油 … 大さじ1
　│ 塩 … 小さじ1/2
　│ 醤油 … 小さじ1/3
　└ 白いりごま … 少々

作り方

1 青じそは洗って水気を拭く。
2 Aをボウルに入れてよく混ぜ合わせておく。
3 青じそ1枚1枚に2を塗って容器に重ねて入れ、ラップなどで覆ってふたをし、冷蔵庫で1時間以上おく。

 冷蔵で2週間保存可能。

しそジェノベーゼ

しそがたくさん手に入ったときは、バジルで作るジェノベーゼをしそでアレンジ。
すがすがしい香りの和食に合うグリーンソースに。魚や肉のグリルに添えても。

材料（2人分）

しそ … 50g
オリーブ油 … 100g
カシューナッツ
　（アーモンドや松の実でも）… 10g
にんにく … 1かけ
塩麹 … 小さじ2

作り方

1　しそはよく洗い、水分をしっかりと拭き取る。
2　ミキサーにすべての材料を入れて撹拌する。なめらかになれば完成。熱湯消毒した瓶に移す。

 冷蔵で2週間保存可能。

しそジェノベーゼを使ったアレンジ料理

しそジェノベーゼパスタ

材料（1人分）

しそジェノベーゼ…大さじ2
パスタ…80g
塩…10g
カシューナッツ…2~3個
好みのチーズ…適量

作り方

1 沸騰した湯1ℓに塩を入れて、パスタを表示通りゆでる。

2 ザルにあげて水気を切り、しそジェノベーゼで和える。

3 器に盛り、刻んだカシューナッツと削ったチーズをかける。

 赤しそ

赤しそジュース

米酢とはちみつで作る、酸みも甘味も穏やかなジュース。
疲労回復効果や抗酸化作用が高いので、夏の暑さから身を守るのに最適です。

材料（作りやすい量）

赤しそ … 250g
酢 … 150㎖
はちみつ … 200g
　（または砂糖500g）
水 … 1.5ℓ

作り方

1. 赤しそは葉も茎も洗って水気を切って鍋に入れる。
2. 水を加えて中火にかけ、沸いたら弱火にして、しその赤みが抜けるまで5分ほどゆでる。
3. 2をザルで濾して鍋に戻し入れ、酢を加えて中火にかける。沸いてから2〜3分加熱する。
4. 粗熱が取れたらはちみつを加えてよく混ぜ、熱湯消毒した保存瓶に移す。

 保存　冷蔵で1ヶ月ほど保存可能。

ゆかり

梅干しと一緒に漬けた赤じそを天日に干して粉砕すれば、自家製のゆかりに。
日中に乾いても夜になるとまた湿気てしまうので、午後早めに取り込むように。

材料 (作りやすい量)

梅干し (P52) と一緒に漬けた赤じそ
　…お好きな量

保存　常温で1年保存可能。
＊干してそのまま置いておくと湿気を吸ってしまうので、乾いたらすぐに粉末にするように。

作り方

1　梅干しの瓶から、赤じそを手で絞りながら取り出し（梅酢はできるだけ瓶に戻すように）、ザルに広げながら並べる。

2　日差しの強い日に1～2日程度天日に干す。

3　カラカラに乾いたら、すり鉢で粉末になるまですりつぶす（フードプロセッサーにかけても）。清潔な容器に入れる。おにぎりなどに混ぜ込んで。

 すいか

すいか糖

すいかの皮も種も一緒にミキサーにかけて、濾した液体をとろりとするまで煮詰めたもの。古くはむくみ取りや腎臓病の民間薬として使われていました。

材料（作りやすい量）

すいか … 好みの量
　（300gで30g程度になる）

作り方

1　すいかは実も皮もざく切りにする。
2　1を皮と種ごとミキサーにかける。
3　2をガーゼなどで濾して鍋に入れ、弱火で水飴状になるまで煮詰める。

保存　熱湯消毒した瓶に入れ、冷蔵で1年保存可能。

秋分　寒露　霜降

立秋　処暑　白露

秋の食材と保存食

栗、いちじく、さつまいも、きのこ。
秋は芋や果物、種実類の実りの季節。
栄養価の高い食材を保存食にして寒い冬に備えます。

秋の食卓

ほくほく、ねっとり、こっくり甘い栗やれんこん、さつまいもに落花生。秋に実りを迎える野菜や果実、種実類はエネルギーをたっぷりと蓄えて滋味深く、夏の疲れを癒やすのにぴったりです。空気の乾燥が始まる季節にふさわしく、肺や気管支などのからだの内側を潤して、咳や痰を鎮めたり、肌や腸の渇きを和らげたりと乾燥による多彩な症状を抑える働きもあります。保存食にして旬の薬効を取り込み、季節のトラブルを予防しましょう。

鮭の漬け揚げ みょうがだれ

Main

材料（2人分）

秋鮭 … 2切
みょうが … 2本
しょうが … 1/4かけ
米油 … 大さじ1
片栗粉 … 適量
塩 … 適量
A ┌ 酒 … 大さじ2/3
　├ 醤油 … 大さじ2/3
　└ みりん … 大さじ2/3
揚げ油 … 適量

作り方

1 秋鮭は塩ひとつまみふってしばらくおく。水気が出たら拭き取り、Aに20〜30分ほど漬けておく。

2 鮭に片栗粉をまぶし、170℃の油で揚げる。

3 みょうがだれを作る。みょうがとしょうがをみじん切りにし、塩と米油を加えて混ぜ合わせる。

4 鮭を器に盛り、みょうがだれをかけていただく。

れんこん、エリンギ、
セロリのゆずこしょう和え … *P93*
紅しょうが … *P96*
しその実醤油漬け … *P98*
にんにく味噌漬け … *P110*
きのこのオイル漬け … *P118*

立秋

新暦8月7日ごろで、暦の上では夏の暑さが極まり、この日を境に秋に向けて季節が移り変わるとされる日。立秋の翌日からの暑さは「残暑」と呼ばれます。

🫑 パプリカ

マッサ

ポルトガルの伝統的な万能発酵調味料。
マッサとはペーストの意。肉や魚の下味に、炒め物に。

材料（作りやすい量）

赤パプリカ … 2個
　（へたとわたを除いて330g程度）
塩 … 30g（パプリカの重量の10％前後）

作り方

1. パプリカは半分に切り、へたとわたや種を取り除き6等分に切る。
2. 1をビニール袋のなかに入れて、塩をまぶして全体に塩がまわるようにふり混ぜる。袋の空気を抜いて口を結び、保存容器に入れ、その上にお皿などをのせて重しをする。
3. 2を冷蔵庫で1週間ほど発酵熟成させる。
4. 発酵熟成がおわったら、3を、干し野菜用の網やザルなどに並べる。
5. 日当たりのよい場所で1日天日干しする（網にくっついてしまわないように、数時間ごとに裏表を変えてください）。
6. 干しあがったら粉砕しやすいように切り、ミキサーやフードプロセッサーなどで粗いペースト状にしてできあがり。熱湯消毒した瓶に詰め、少量のオリーブオイルで表面を覆う。

保存 冷蔵で2ヶ月保存可能。

マッサを使ったアレンジ料理

豚肉とあさりの炒め物

材料 (2〜3人分)

豚かたまり肉
　（肩ロースまたはバラ）…200g
あさり（砂抜き済みのもの）…200g
じゃがいも…2個
マッサ…大さじ1
にんにく（すりおろし）…1かけ分
香菜…1束
塩…小さじ1と½
揚げ油…大さじ2
レモン…適宜

作り方

1　豚肉はひと口大に切る。ボウルに豚肉、マッサ、にんにくを入れて全体を混ぜてポリ袋に移す。冷蔵庫で1時間〜ひと晩おく。

2　じゃがいもは皮つきのままひと口大に切る。フライパンに少なめの油を入れて160℃に熱し、きつね色になるまで5〜6分揚げて取り出す。

3　2のフライパンに1の豚肉を入れて中火で揚げ焼きにし、表面が色づいてきたら塩をふり、あさりを加えてふたをする。

4　あさりが開いたら2のじゃがいもを加えてざっと混ぜ、火を止める。皿に盛り、ざく切りにした香菜を散らし、好みでレモンを添える。

ハリッサ

唐辛子やパプリカをベースに複数のスパイスを組み合わせたチュニジア生まれの辛口調味料。魚や肉に下味を漬けるほか、スープや煮込み料理などにも合います。

材料 (作りやすい量)

赤パプリカ … 1個
赤唐辛子 … 2本
A ┃ チリパウダー … 小さじ 1/4～1/2
　┃ クミンシード … 小さじ 1
　┃ コリアンダーシード … 小さじ 1
　┃ キャラウェイシード … 小さじ 1/2
塩 … 小さじ 1～
レモン汁 … 大さじ 1
オリーブオイル … 大さじ 1
トマトペースト (水煮缶を煮詰めたものでもよい) … 大さじ 1
にんにく … 1かけ

作り方

1. 赤唐辛子は種を取って小口切りにする。赤パプリカの種を取り、ざく切りにする。Aは乾煎りする。
2. 厚手の鍋に赤パプリカと水大さじ2(分量外)を入れてふたをし、10分ほど蒸し焼きにして水気を切っておく。
3. すべての材料をフードプロセッサーに入れてしっかり撹拌する。

 保存 冷蔵で2～3週間保存可能。

ハリッサを使ったアレンジ料理

ハリッサチキン

材料(2人分)

鶏もも肉…300g
塩・こしょう…各少々
ハリッサ…大さじ1
ヨーグルト…大さじ1
醤油…小さじ1
米油…大さじ1
サニーレタス…適量

作り方

1. 鶏もも肉は一口大に切って、塩こしょうをふっておく。
2. ハリッサ、ヨーグルト、醤油を合わせ、1を30分以上漬け込む。
3. フライパンを中火にかけ、米油を入れて2を皮目から焼く。焼き色がついたら裏返してふたをし、中弱火で4~5分焼く。好みでサニーレタスを添える。

🌶 青唐辛子

グリーンハラペーニョソース

唐辛子に塩を加えて長期発酵させて作るラペーニョソースを、青唐辛子で即席のソースに。フレッシュな辛みと香りが魅力です。料理の隠し味に重宝しますよ。

材料（作りやすい量）

青唐辛子（種ごと）
　…50g
酢…50g
塩…5g

作り方

1　すべての材料をハンドミキサーやフードプロセッサーで撹拌する。熱湯消毒した瓶に入れる。
　＊辛みが苦手な人は胎座（種と種周辺）を取ってから撹拌する。

保存　常温で1年間保存可能。

グリーンハラペーニョソースを使ったアレンジ料理

鶏と春雨の
グリーンハラペーニョソース煮込み

材料 (2人分)

グリーンハラペーニョソース
　…小さじ1
鶏もも肉…300g
春雨…20g
豆苗…50g
米酢…小さじ2
塩麹…大さじ1
にんにく…1かけ
水…400mℓ
ごま油…適量

作り方

1. 鶏もも肉は食べやすい大きさに切る。春雨は熱湯に2分ほど浸けて戻しておく。にんにくはみじん切りにする。
2. 厚手の鍋を中火にかけ、ごま油を入れて鶏肉の皮めを下にして焼く。
3. 皮が焼けたら裏返し、にんにくを加える。
4. 鶏肉に両面焼き色がついたら、水と塩麹を加えてふたをし、20分ほど煮込む。春雨と豆苗、酢、グリーンハラペーニョソースを加えて1〜2分加熱して火を止める。

青ゆずこしょう

青ゆずと青唐辛子の旬を迎えたら、1年分を仕込んでおきましょう。
黄ゆずと赤唐辛子の組み合わせや、夏みかんなどほかの柑橘でも同様に作れます。

材料 (作りやすい量)

青ゆず … 10個分 (皮だけで約70g)
青唐辛子 (種とへたを取り除いて)
　　… 70g (柑橘の皮と同量)
塩 … 28g
　　(柑橘の皮と唐辛子の総重量の20%)
ゆず果汁 … 大さじ1
米麹 … 大さじ1

作り方

1　柑橘の皮をすりおろす。
　　皮の下にある白いわたの部分は苦味があるので、入れないようにする。

2　ビニール手袋で手を保護しながら、青唐辛子と塩をフードプロセッサーに入れて撹拌する。
　　＊フードプロセッサーがない場合は、柑橘の皮と唐辛子を包丁で細かく刻んでから、すりばちですってもよい。

3　1と果汁、米麹を加えて、なめらかになるまでさらに撹拌する。水分が足りないときは、果汁を足してなめらかにする。

4　熱湯消毒した瓶に入れ、表面をラップなどで覆って空気を遮断しふたをする。

 保存　冷蔵で1週間保存可能。

青ゆずこしょうを使ったアレンジ料理

れんこん、エリンギ、セロリのゆずこしょう和え

材料（2人分）

れんこん…50g
エリンギ…1本
セロリ…5cm長さ程度
塩…少々
酢…小さじ2
青ゆずこしょう…小さじ½

作り方

1 れんこんはいちょう切りにして熱湯でゆでる。エリンギはグリルなどで焼いてから長さを半分にし、手で割く。セロリは斜め薄切りにする。

2 ボウルに*1*を入れて塩、酢、青ゆずこしょうを加えてしばらくマリネする。

 ゴーヤ

佃煮

からだの熱をとってくれるゴーヤは夏の救世主。佃煮にすれば、独特の苦味もマイルドになり、酒のアテに、ごはんのお供に重宝します。しょうが風味がポイント。

材料（作りやすい量）

ゴーヤ … 1本
しょうが … 10g程度
ごま油 … 大さじ1
塩 … ひとつまみ
A ┌ 酒 … 大さじ3
　├ みりん … 大さじ3
　└ 醤油 … 大さじ2

 保存　冷蔵で2週間ほど保存可能。

作り方

1. ゴーヤは縦半分に切り、種とわたごと薄切りにする。しょうがはせん切りにする。
2. フライパンにごま油を入れて中火にかけ、ゴーヤとしょうがを加えて塩をふり、しんなりするまで炒める。
3. Aを加えてふたをし、沸いたら弱火にして汁気がなくなるまで煮詰める。好みで炒りごまを加えて熱湯消毒した容器に移す。

処暑

暑さをおさめる、おわることを意味する節気は、朝夕には秋を感じさせる涼しい風が吹きはじめ、日中はまだ暑さも残りますが、虫の声も聞こえるようになります。

みょうが

みょうがの甘酢漬け

酢に漬けると、みょうがの色素が酸と反応して、赤みが鮮やかになるのが美しい。魚料理のつけ合わせやサラダなどに加えて、アクセントに。

材料(作りやすい量)

みょうが…5個
A ┌ 酢…大さじ4
　├ みりん…大さじ2
　├ 塩…小さじ½
　└ だしまたは水…大さじ1

作り方

1　鍋にAを入れて中火にかけ、煮立ったら火を止めて冷ます。

2　みょうがは縦半分に切り、さっとゆでてザルにあげ、水気を切る。

3　みょうがが熱いうちに熱湯消毒した保存容器に入れ、1を注ぐ。ふたをして冷暗所に半日以上おく。

保存　冷蔵で1週間ほど保存可能。

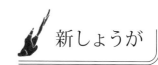 新しょうが

紅しょうが

梅干しを作ったときの梅酢を活用すれば、着色料などを使わずに
美しい紅色にそまります。いなり寿司に、焼き魚にと、とにかく重宝しますよ。

材料(作りやすい量)

新しょうが … 50g
塩 … 1g（新しょうがの重量の2%）
梅酢 … 適量

作り方

1 新しょうがは繊維に沿って薄切りにしてからせん切りにする。

2 1をバットに入れて塩をふってよくもみ、1時間ほどおく。

3 2をさらしなどで包んで水気をしっかり絞り、熱湯消毒した保存容器に入れる。梅酢をしょうがが浸かるまで加えてふたをする。1日おいたら食べ始められる。

 保存　冷蔵で2週間ほど保存可能。

新しょうがの醤油漬け

辛みの穏やかな新しょうがを佃煮風に煮詰めれば、ごはんの進む副菜に。
ひねしょうがでも作れますが、辛みが立つので調味料を少し増やしてみてください。

材料(作りやすい量)

新しょうが … 100g
醤油 … 40㎖
みりん … 20㎖

作り方

1 新しょうがは1mm程度の薄切りにする。

2 鍋に醤油とみりんを入れて火にかけ、沸いたら1を加える。

3 ときどきかき混ぜながら、煮汁がほとんどなくなるまで煮詰める。

4 粗熱が取れたら熱湯消毒した瓶に入れてふたをし、冷蔵庫で保存する。すぐに食べ始められる。

保存　冷蔵で1ヶ月ほど保存可能。

しその実

しその実醤油漬け

プチプチとした食感が楽しいしその実。
醤油味はごはんによく合います。

材料（作りやすい量）

しその実 … 50g
醤油 … しその実がかぶる程度

作り方

1. しその穂は指先でしごいて実をはずし、ひと晩塩水※に浸けてアク抜きする。
2. しその実の水気を切り、熱湯消毒した瓶に入れて醤油をかぶるぐらいまで注ぐ。2～3日で食べ始められる。

 冷蔵で1年ほど保存可能。

※塩水の濃度は3％

しその実塩漬け

しその香りがダイレクトに感じられ、いろいろな料理のアクセントにおすすめ。

材料（作りやすい量）

しその実 … 50g
塩 … 6g（しその実の12％）

作り方

1. しその穂は指先でしごいて実をはずし、ひと晩塩水※に浸けてアク抜きする。
2. しその実の水気を切り、塩をまぶしてよくもみ、熱湯消毒した瓶に移して表面をラップで覆う。2～3日で食べられる。

 冷蔵で1年ほど保存可能。

しその実塩漬けを使ったアレンジ料理

しその実ポテサラ

材料(2人分)

しその実塩漬け … 大さじ1
じゃがいも … 3個
セロリ … 3cm程度
たまねぎ … 1/8個
A ┌ 純米酢 … 大さじ1
　└ 塩 … 少々
塩 … ひとつまみ
米油 … 小さじ1
純米酢 … 大さじ2/3

作り方

1　セロリは斜め薄切り、たまねぎはみじん切りにしてAに10分ほど漬けておく。じゃがいもはやわらかくなるまで蒸して皮をむき、すりばちなどで粗めにつぶす。

2　じゃがいもに塩、米油、酢を加えて混ぜ合わせ、しその実塩漬けとセロリとたまねぎを加えてさっと混ぜ合わせる。

しその実醤油漬けを使ったアレンジ料理

蒸し鶏　中華だれ

材料（作りやすい量）

鶏胸肉 … 1枚（約200g）
塩麹 … 小さじ2
酒 … 大さじ1
水 … 100mℓ
塩 … 小さじ1

A ┌ しょうがの薄切り … ½かけ
　│ ねぎの青い部分 … 1本
　│ しその実醤油漬け … 小さじ1と½
　│ 長ねぎ … 10cm程度
　└ 大根おろし … 40g

A ┌ 黒酢 … 小さじ1
　│ みりん
　│ 　… 小さじ1と½
　│ ごま油 … 小さじ1
　└ 塩 … ふたつまみ

作り方

1. 鶏胸肉に塩麹をまぶして30分以上おく。
2. 鍋に1、酒、水、塩、しょうがの薄切り、ねぎの青い部分を加えて、中火にかける。
3. 煮立ったら弱火にし、ふたをして約7〜8分蒸し煮にする。火を止め、そのまま粗熱が取れるまでおき、食べやすい大きさに切る。
4. Aをよく混ぜ合わせ、3にかけていただく。

白露

大気が冷えて、朝の草花に露を結び始めるころ。昼と夜の気温差が大きくなるため、朝晩に空気が冷やされて露が濁って白くなることを表現しています。

栗の渋皮煮

🌰 栗

時間はかかりますが、工程はシンプル。みりんで甘みと洋酒感を加えましたが、砂糖とブランデーなどでアレンジしても。

材料（作りやすい量）

栗 … 10個
本みりん … 適量
重曹 … 小さじ1

作り方

1. ボウルに熱湯を入れ、栗を15分ほど浸す。渋皮に傷がつかないように注意しながら鬼皮をむく。
2. 栗を鍋に入れ、ひたひたの水と重曹の1/3を加えて強火にかける。沸騰したら中火にしてアクを取り、10分ほどゆでる。
3. 鍋に流水を加えながら水をかえ（栗に流水が直接当たらないように注意する）、渋皮に残っている筋を手でやさしくこすって取り除く。
4. 水と重曹を新しくして2、3をさらに2回繰り返す。最後に重曹を抜くために、水だけで5分間煮る。
5. 鍋から栗を手ですくって水気を切り、洗った鍋に並べてひたひたのみりんを加える。ペーパータオルで落としぶたをして中火にかけ、煮立ったら弱火にして10分ほど煮る。そのまま冷まし、煮汁と一緒に熱湯消毒した容器に保存する。

 保存 冷蔵で2週間ほど保存可能。

いちじく

いちじくコンポート

加熱することで甘みが増して、とろけるような食感の極上のデザートに。
皮の美しい赤むらさき色が移ったコンポート液もぜひ利用して。

材料（作りやすい量）

いちじく…4個
はちみつ…大さじ1
レモン汁…小さじ2
塩…少々
白ワイン…大さじ3

作り方

1. いちじくの軸を取り、小鍋に重ならないように並べる。
   *皮をむく場合、皮はお茶パックなどに入れて一緒に煮ると赤みが出る。
2. 1に、はちみつと塩、レモン汁、白ワインを加えてふたをし、弱火で10分ほど煮る。
3. 途中、上下を返し、全体に火を通す。火を止めてコンポート液に浸けたまま冷まし、シロップごと熱湯消毒した保存容器に移し、表面をラップなどで覆う。

 保存 冷蔵で1週間ほど保存可能。

いちじくのコンポートを使ったアレンジ料理

いちじくコンポートパウンド

材料（パウンド型1台分）

豆乳…150g
米油…30g
はちみつ…大さじ2
レモン汁…20g
A ┌ 塩…ひとつまみ
　│ 米粉（製菓用微粉末）…120g
　│ アーモンドプードル…20g
　│ （なければ米粉を増やす）
　│ ベーキングパウダー…小さじ1
　└ 重曹…小さじ½
いちじくのコンポート…2個

作り方

1 いちじくのコンポートはざく切りにする。ボウルに豆乳、はちみつ、米油を入れて泡立て器またはハンドミキサーで、全体がとろりとするまでよく混ぜ合わせる。

2 1にAを順番に加えてしっかり混ぜ合わせる。

3 レモン汁といちじくのコンポートを加えて手早く混ぜ合わせ、型に流し入れる。180℃で20分ほど焼く（焼き時間は各家庭のオーブンに合わせて調整を）。

鮭

鮭の麹漬け

秋鮭を麹に漬け込んだ北海道の郷土料理。麹にごはんを加えて発酵させることで、ねっとりとした甘みに。とろりとした食感と深みのあるうま味が醍醐味です。

材料（作りやすい量）

生鮭切り身
　…（サーモンや銀鮭など刺身用）2切れ
塩 … 鮭の重量の5％
生麹 … 鮭の重量の25％
ごはん … 麹と同量
赤唐辛子 … 1/2本

保存　冷蔵で2週間ほど保存可能。

作り方

1　鮭に塩をまぶして冷蔵庫でひと晩おく。

2　温かいごはんに麹を加えて混ぜ合わせ、保存容器に入れる。＊乾燥麹の場合は、半量のぬるま湯に30分ほど漬けて戻してから使う。

3　鮭の水分をしっかり拭き取り、食べやすい大きさに切る。種を取った赤唐辛子とともに2に加えてさっくり混ぜ合わせてふたをする。毎日かき混ぜながら、常温で4〜5日おいたら食べごろ。

鮭フレーク

ふりかけの王道を自家製で。鮭を酒蒸ししてから蒸し汁ごと炒っているので、臭みはなく、味は濃厚。炊き立ての新米にのせてどうぞ召しあがれ！

材料 (作りやすい量2~3人分)

鮭の切り身 … 1切れ
塩 … 少々
酒 … 大さじ1
しょうが … 1/3かけ
A ┃ 醤油 … 小さじ2
　 ┃ みりん … 小さじ2
　 ┃ 米油 … 小さじ1
　 ┃ 塩 … 少々

作り方

1. 鮭に塩と酒をふってしばらくおき、耐熱皿にのせて蒸気のあがった蒸し器で4~5分蒸す。
2. 鮭を細かくほぐし、フライパンに蒸し汁ごと加える。
3. Aの調味料としょうがのすりおろしを加えて中火で炒る。

保存 冷蔵で1ヶ月ほど保存可能。

秋分

毎年9月22日ごろ。夏から涼しい秋へと季節が変化したことを告げる節句。昼の長さと夜の長さが同じで、この日を境に夜が少しずつ長くなっていきます。

スルメイカ

イカの塩辛

夏から秋にかけて新鮮なスルメイカが手に入ったら、ぜひ大きな肝を利用して手作りを。とろりと舌にまとわりつくようなうま味が絶品です。

材料（作りやすい量）

スルメイカ … 1杯
塩 … 適量
ゆずの皮 … 少々

作り方

1. イカは内臓を取り出し、墨袋を外す。目の上でわたを切り離す。わたにはたっぷりの塩をふってひと晩冷蔵庫に入れておく。

2. 胴は皮をはがし、軽く塩をふり、ザルにのせて冷蔵庫でひと晩乾かす。
   *げそはほかの料理に使うとよい。

3. 翌日、わたをさっと洗って塩を落とし、長さを半分に切る。ザルにのせ、へらなどを使ってわたの中身だけをしっかりしごき取る。

4. 胴は縦2等分に切ってから、7mm幅程度に切りそろえ、3のわたと混ぜ合わせる。好みでゆずの皮を飾る。

 保存　熱湯消毒した瓶に入れ、冷蔵で1週間ほど保存可能。

106

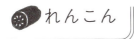 れんこん

れんこん甘酢漬け

シャキシャキとした歯応えを生かした漬けもの。さっと湯通しすることで、渋みが抜けて美しい乳白色の色合いを保てます。お正月のおせち料理にも重宝。

材料（作りやすい量2〜3人分）

れんこん（小）… 1節（正味100g）
酢 … 大さじ4
みりん … 大さじ2
塩 … 少々
赤唐辛子（小口切り）… 1/3本
ゆずの搾り汁 … 大さじ1/2

 冷蔵で2週間ほど保存可能。

作り方

1. れんこんは皮をむき、薄い輪切りまたは半月形に切る。酢少々（分量外）を入れた湯で1分ほど軽くゆでる。
2. 小鍋にみりんと塩を入れて火にかけ、沸いたら火を止める。粗熱が取れたら酢を加える。
3. 熱湯消毒した容器に2とれんこんを入れ、好みで赤唐辛子を加える。粗熱が取れたらゆずの搾り汁を加える。

落花生

ピーナッツバター

秋に収穫を迎える生落花生が手に入ったら、良質な脂肪分を生かしてバターに。
素炒りの落花生で作ることもできます。甘さや粒感は好みで調整を。

材料 (2人分)

生落花生 … 200g (正味100g程度)
はちみつ (またはみりん) … 大さじ1
米油 … 大さじ2
塩 … ひとつまみ

作り方

1. 鍋に塩 (材料とは別でお湯の量の3〜4％くらい) と落花生を入れて落しぶたをして中火で30〜40分くらいゆでる。
2. 落花生の殻と甘皮をむく。
3. フードプロセッサーに落花生、米油を入れて撹拌する。はちみつまたはみりんと塩を入れて撹拌し滑らかになったら、熱湯消毒した瓶に移す。

保存 冷蔵で2週間ほど保存可能。

ピーナッツバターを使ったアレンジ料理

ピーナッツバターサンド

材料(2人分)

食パン(8枚切り)…2枚
ピーナッツバター…大さじ2
バナナ…1本
ベーコン…2枚
サニーレタス…2枚

作り方

1 食パンにピーナッツバターをぬり、サニーレタス、スライスしたバナナ、焼いたベーコンをサンドする。

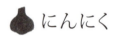 にんにく

にんにくオイル漬け

みじん切りにしたにんにくは、オイルに漬けるだけで香り高いうま味調味料に。

材料（作りやすい量）

にんにく … 2かけ
オリーブオイル … 適量

作り方

1. にんにくはみじん切りにする。
2. 熱湯消毒した瓶に1を入れ、オリーブオイルをかぶるぐらい注ぐ。

保存 常温で半年程度保存可能。

にんにく味噌漬け

にんにくを丸ごと甘味噌に漬け込みます。そのまま食べても炒めものにも。

材料（作りやすい量）

にんにく … 1玉
味噌 … 30g
みりん（煮切る）… 大さじ1

作り方

1. にんにくは薄皮をむき、熱湯で1分ゆでる。
2. 熱湯消毒した瓶に味噌とみりんを入れて混ぜ合わせ、1を加えてひと晩以上漬け込む。

保存 冷蔵で2週間程保存可能。

にんにくオイル漬けを使ったアレンジ料理

スパイシー枝豆

材料 (2人分)

枝豆 (正味) … 85g
にんにくオイル漬け … 大さじ1
赤唐辛子 … 1/4本
クミンシード … 小さじ1
塩 … ふたつまみ
こしょう … 適量

作り方

1. 枝豆は塩ゆでしてさやから出す。赤唐辛子は小口切りにする。
2. フライパンににんにくオイル漬け、赤唐辛子、クミンシードを入れて弱火にかけ、香りが立ったら枝豆を入れてさっと炒める。塩、こしょうで味を調える。

 さんま

さんまのぬか漬け

ぬか漬けは野菜だけでなく、肉や魚も漬けられます。なかでも脂ののった青魚はぬかと好相性。漬けるだけでうま味が格段にアップして奥深い味わいに。

材料（作りやすい量）

さんま … 1尾
生ぬか … ひとつかみ

作り方

1 さんまを密閉袋に入れ、ぬか床をひとつかみとって全体にまぶす。空気を抜いて袋の口を閉じ、ひと晩漬ける。ぬか床を軽く拭い、魚焼きグリルで焼く。

ぬか床の作り方

材料(作りやすい量)

生ぬか…1kg(炒りぬかでも可)
塩…100〜120g
　(ぬかの10〜12%＊季節によって変える)
水…800ml〜1ℓ
昆布…5〜6cm角2枚
唐辛子…2本
保存容器…3ℓ容量
　(ぬかの3倍以上のものが必要)
捨て漬け用野菜(キャベツの芯や外葉、
　黄色くなった大根の葉など)

3 2を保存容器に移し、昆布と唐辛子を加える。

1 大きめのボウルにぬかを入れ、塩を加えてよく混ぜる。

4 3に捨て漬け用の野菜を加え、表面を平らにならす。

2 水を少しずつ加えて、耳たぶくらい(味噌くらい)のかたさに調整する。

5 1日1回底からかき混ぜ、3〜4日で捨て漬け野菜を取りかえる。これをもう2〜3回繰り返し、ほのかな酸味が出てきたらぬか床の完成。

さんまのコンフィー

低温の油でじっくり加熱することで、ジューシーでやわらかい食感に。たっぷりの油が空気や水分を遮断して保存性が高まります。この油も炒めものなどに活用を。

材料（2人分）

さんま（内臓をとり
　2～3等分したもの）… 2尾
にんにく … 1かけ分
A ┌ ローリエ … 1枚
　├ ローズマリー … 1枝
　└ コリアンダー … ホール10粒程度
赤唐辛子 … 1本
米油 … 適量
塩 … 適量

作り方

1　さんまに塩ひとつまみをすり込み、30分ほどおく。出てきた水分はキッチンペーパーなどで拭き取る。にんにくは皮をむき、包丁の腹でつぶす。

2　米油を直火可の器や鍋に1cm高さぐらい注ぐ。さんま、にんにく、赤唐辛子、Aを入れ、さんまにかぶるまで米油を加える。

3　中火にかけ、ふつふつと泡が立ってきたら極弱火にして1時間ほど煮る。（油がゆらゆらと揺れるくらいの温度が適温）。冷めたら熱湯消毒した容器に移し、冷蔵庫でひと晩寝かせる。

 保存　冷蔵で1週間ほど保存可能。

干し芋

さつまいもを蒸して干すことで甘みが数倍アップ。蒸し加減が悪いと、内側が白っぽい仕上がりになるのでしっかり加熱を。ねっとり系の品種がおすすめ。

材料 (2人分)

さつまいも (紅はるかがおすすめ)
　…適量

作り方

1. さつまいもは竹串がスーッと通るまで皮ごと蒸す。
2. 冷めたら水でぬらした包丁で1cm幅に切る。皮は好みでむいてもよい。
3. 重ならないようにザルやネットなどに広げ、風通しのいい場所で、やわらかくねっとりした食感が好みなら2日ほど、かためが好みなら3〜5日ほど、好みのかたさになるまで天日に干す。

保存 | 密閉袋などに入れて冷蔵で保存。干し時間が短い場合は1週間程度、しっかり干した場合は1ヶ月程度保存可能。冷凍すれば1年保存可。

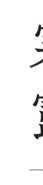

寒露

草花に冷たい露が降りるころ。秋の長雨がおわり、空気の澄んだ晴天が続きます。山では紅葉が始まり、秋の味覚が出揃う時季です。

 カタクチイワシ

アンチョビ

カタクチイワシで作るのが一般的ですが、ウルメイワシや小ぶりのマイワシでも作れます。塩漬けして出てくる液体はナンプラーとして活用を。

材料(作りやすい量)

カタクチイワシ … 10尾
塩 … イワシの重量の30％
好みのオイル(米油を使用) … 適量

作り方

1. いわしは頭を落として内臓を取り、手開きにして骨を外し、3％の塩水(分量外)で洗う。

2. いわしの水分をしっかり拭き取り、保存容器に塩→いわし→塩→いわしの順に重ねていく。一番上は塩をしっかり被せる。

3. ふたをして冷暗所で3ヶ月〜半年ほど塩漬けする。

4. いわしをザルに取り出して水気を切り、熱湯消毒した瓶に詰め、いわしの身が隠れるくらいオイルを注ぐ。好みでローリエやクローブ、赤唐辛子を加えても。濾した水分は熟成させるとナンプラーになる。

 保存　1ヶ月後ぐらいから食べごろ。冷暗所で1年保存可能。

116

アンチョビを使ったアレンジ料理

アンチョビコロッケ

材料(2人分)

じゃがいも(大)…1個
アンチョビ…3~4尾分
たまねぎ…1/4個
セロリ…5cm程度
にんにく…1かけ
小麦粉…適量(同量の水で溶く)
パン粉…適量
揚げ油…適量

作り方

1. じゃがいもは皮ごと蒸す。たまねぎ、セロリ、にんにくはみじん切りにする。アンチョビはざく切りにする。
2. フライパンを中火にかけ、たまねぎとにんにくを炒める。
3. じゃがいもの皮をむいてすり鉢などでつぶし、2、アンチョビ、セロリを加えて混ぜ合わせ、団子に丸める。
4. 水溶き小麦粉、パン粉の順につけ、180℃の油でからりと揚げる。

 きのこ

きのこのオイル漬け

きのこをさっと炒めてから漬けることで、余分な水分が抜けてうま味が濃縮。
1種類でなく複数のきのこをミックスすることでより味わいや食感が高まります。

材料（作りやすい量）

きのこ（好きなものを合わせて
　石づきを取って）… 100g
米油 … 適量
にんにく … 1かけ
赤唐辛子 … 1/2本
塩 … 小さじ1/2
黒こしょう … 少々

 保存　冷蔵で3週間程度保存可能。

作り方

1. きのこは石づきを取り、食べやすい大きさに切るか手でほぐす。にんにくはみじん切り、唐辛子は種を取ってちぎる。

2. フライパンに米油大さじ1（分量外）を入れて中火にかけ、きのこ、にんにく、赤唐辛子、塩を加えてきのこがしんなりするまで炒める。

3. 黒こしょうをふってさっと混ぜ合わせ、保存容器に移す。きのこが浸かるまで米油を注ぎ、ふたをして常温で1時間以上おく。

きのこのオイル漬けを使ったアレンジ料理

きのこリゾット

材料（作りやすい量）

きのこのオイル漬け … 100g
米油 … 大さじ1
生米 … 1合
だし汁 … 2カップ
パルミジャーノ・レッジャーノ
　… 適量
黒こしょう … 少々
パセリ … 適量

作り方

1 鍋に米油を引き、生米を洗わずに加えて中火にかける。米全体に油が回るように木べらで5分ほど炒める。

2 米が油を吸って表面が白っぽくなったら温めただし汁を注ぐ。

3 表面に穴が開き、水が少なくなってきたら弱火にし、だし汁（分量外）を少しずつ足す。

4 米がふっくら膨らんだら、きのこのオイル漬けを加えてさっと混ぜ合わせる。パルミジャーノ・レッジャーノと黒こしょうをふり、刻んだパセリを散らす。

きのこペースト

パスタやリゾット、炒めものなどに隠し味的に使える、うま味たっぷりの調味料。
少しつぶつぶ感が残るぐらいの方が、きのこの食感が感じられておすすめ。

材料 (2人分)

きのこ (椎茸、しめじ、
　マッシュルームなど好きなもの)
　… 200g程度
オリーブオイル … 大さじ1
にんにく … 1かけ
塩 … 小さじ1
こしょう … 少々
白ワイン (なければ酒)
　… 大さじ1

作り方

1. きのこ類は石づきや根元を除き、ざく切りにする。にんにくはみじん切りにする。
2. フライパンを弱めの中火にかけ、オリーブオイルとにんにく、1のきのこを入れて塩、こしょうをふって炒める。
3. きのこがしんなりしたら白ワインを加え、ふたをして弱火で10分ほど蒸し煮にする。
4. 粗熱が取れたらフードプロセッサーにかけて攪拌する。熱湯消毒した保存容器に移す。

 保存 冷蔵で1週間保存可能。

きのこペーストを使ったアレンジ料理

きのこポタージュ

材料(2人分)

たまねぎ…¼個
きのこペースト…大さじ3
米油…大さじ1
水…大さじ5
豆乳…150㎖
塩…ひとつまみ
こしょう…少々

作り方

1. たまねぎはみじん切りにする。
2. フライパンを中火にかけ、米油を入れてきのこペーストを加える。
3. 水を加えて4〜5分煮込み、豆乳を加えたら沸騰させないように温め、塩、こしょうで味を調える。

霜降

野の草花に降りる露が冷たい空気によって霜に変わるころ。空気が澄んで空は澄み渡り、月が一層美しく輝いて見えます。多くの農作物も収穫の時季を迎えます。

 柿

柿酢

柿を丸ごとつぶすだけで、皮についている酵母菌の力で自然に発酵させたもの。半年以上おいて熟成させると、透明感のある美しい色と味わいに。

材料（作りやすい量）

完熟した柿（甘柿でも渋柿でも）
　…適量

作り方

1. 柿は汚れをふきんなどで拭き取り、洗わずにへたをつけたままつぶしながら熱湯消毒した瓶に詰めてふたをする（密閉しすぎないように）。
2. 菜箸などで柿を1日1回よく混ぜる。
3. 1ヶ月ほどで酸味が出てきたら、布で濾す（ひと晩程度時間をかけてゆっくりと自然に濾過する）。

保存 1ヶ月後ぐらいから使えますが、半年以上おくのがおすすめ。冷暗所で1年保存可能。

柿酢を使ったアレンジ料理

かぶと水菜の柿酢和え

材料 (2人分)

水菜 … 1/4株
かぶ … 3個
塩 … 少々
柿酢 … 大さじ1
米油 … 小さじ1
炒りごま … 適量
ゆずの皮 … 少々

作り方

1 かぶは薄切りにして塩をふって、しんなりしたら水気を絞る。水菜は4cm長さに刻む。

2 1をボウルに入れて柿酢と米油で和え、塩（分量外）で味を調える。器に盛り、炒りごまを散らす。あればゆずの皮を飾る。

干し柿

渋柿の皮をむいて熱湯で殺菌して干すだけで、渋みは抜け、甘さが何倍もアップ。
そのまま食べるだけでなく、砂糖の代わりにあんこやおやつ作りに重宝します。

材料

渋柿 … 適量

作り方

1 柿は皮をむいて2個セットで、紐で結ぶ（皮はたくあんの甘みに利用するとよい）。

2 沸騰している湯に*1*を10秒ほど浸ける。

3 風通しと日当たりのよい軒下などで2週間ほど干す。4〜5日に1回、柿の種と身をはがすようにやさしくもむとやわらかく仕上がる。しっかり乾燥したころ柿にしたい場合は、1ヶ月以上干すとよい。

保存 冷蔵で1ヶ月ほど保存可能。1ヶ月以上干した場合は、常温で半年程度、冷蔵で1年保存可能。

立冬　小雪　大雪　冬至　小寒　大寒

冬の食材と保存食

牡蠣やごぼう、大根、白菜……。
寒さとともに甘みが増しておいしくなる
旬の食材でエネルギーをチャージしましょう。

寒い季節は体が冷えて
血のめぐりが悪くなり、
新陳代謝が低下します。
空気が乾燥して風邪やインフルエンザなどの
感染症にもかかりやすくなります。
気持ちも沈みがちで鬱々しやすいもの。
こうした季節に起こりやすい症状を防ぐのが、
大根や白菜、にんじん、牡蠣、
ゆずなどの旬の食材。
体を温めたり、肌や呼吸器の乾燥を防いだり、
気のめぐりをよくしたりと、
季節にふさわしい働きをもっています。
存分に取り入れて厳しい寒さから
身を守りましょう。

冬の食卓

Main

タラのちげ鍋

材料（2人分）

タラ … 2切れ
白菜 … 4枚
大根 … 10cm長さ程度
長ねぎ … 1本
椎茸 … 2枚
えのきだけ … ½袋
ほうれん草 … ½把
にんにく … 1かけ
A ┌ 醤油 … 大さじ1
　│ 塩 … 小さじ⅔
　│ コチュジャン … 小さじ1
　│ 酒 … 50mℓ
　│ 水 … 300mℓ
　└ 昆布 … 5cm長さ程度

作り方

1　タラ、白菜は食べやすい大きさに切る。大根は5mm厚さ程度に切る。長ねぎは斜め薄切り、椎茸は半分に、えのきだけは長さ5cm程度に切る。ほうれん草は塩ゆで（塩分量外）して水気を切り、5cm長さに切る。にんにくは薄切りにする。

2　鍋にほうれん草以外の1の具材を並べ、Aを加えて中火にかける。沸いたら弱火にして白菜がやわらかくなるまで10分ほど煮る。

3　味を見て塩（分量外）を足し、ほうれん草を加える。

海苔の佃煮 … P132
ごぼうの味噌漬け … P134
ゆず大根 … P147
鮭の麹漬け … P104

立冬

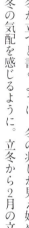

冬が立つと書くように、冬の兆しが見え始めるころ。空気がぐっと冷たくなり、冬の気配を感じるように。立冬から2月の立春までが暦の上での冬になります。

かりん

かりんシロップ

古くから咳止めやのどの痛みの民間薬として利用されてきたかりんシロップ。同じくのどによいはちみつで漬けることで相乗効果が得られます。

材料（作りやすい量）

かりん … 1個（約400g）
はちみつ … 300g

作り方

1. かりんはよく洗って皮と種ごと1cm厚さの輪切りにする。
2. 熱湯消毒した広口瓶にかりんを入れ、はちみつを注ぐ。
3. ふたを軽くし、はちみつが全体に行き渡ってかりんからエキスが出るように、ときどき瓶を揺すって冷暗所で3ヶ月ほどおく（発酵して泡が出てきたら酢を50mlほど加えるとよい）。
4. かりんの実を取り出し、シロップを冷暗所で保存する。

 保存　冷蔵で1年ほど保存可能。

かぶの千枚漬け

本来は大きな聖護院かぶで作られる京都の伝統的な漬けものですが、
普通のかぶでも同様に作れます。かぶが透けるほど薄く切ると美しい仕あがりに。

材料(2人分)

かぶ … 2個約200g
　　　(あれば聖護院かぶ1個)
A ┌ 酢 … 40㎖(かぶの重量の20%)
　├ みりん … 20㎖(かぶの重量の10%)
　└ 塩 … 4g(かぶの重量の2%)
昆布 … 5㎝角1枚
赤唐辛子 … 1本

保存 冷蔵で2週間ほど保存可能。

作り方

1. かぶは皮を厚めにむく。昆布は細切りにし、赤唐辛子は種を取って小口切りにする。

2. かぶの繊維を断ち切るようにできるだけ薄くスライスする(スライサーを利用しても)。

3. ボウルに2を入れ、塩をひとつまみ(分量外)まぶし、1時間ほどおく。

4. 水気をしっかり絞って、熱湯消毒した保存容器に3を少しずつずらしながら並べ、昆布と唐辛子を加える。

5. 小鍋にAを入れて中火にかけ、沸いたら火を止めて冷まし、4に回しかけ、1日以上漬ける。

小雪

北の地方では雪の降るところも出てきますが、まだ本格的に積もるほどではないことから、この時季を小雪といいます。新暦の11月22日ごろです。

新海苔

海苔の佃煮

ごはんのお供として人気の一品。湿気てしまったり古くなったりした海苔の活用法としておすすめ。シンプルな調味料でも驚くほどのおいしさです。

材料（作りやすい量）

海苔 … 10g
酒 … 大さじ2
みりん … 大さじ2
醤油 … 大さじ2

作り方

1　海苔はちぎっておく。
2　すべての材料を鍋に入れ、中弱火にかける。沸いてきたら弱火にして汁気がなくなるまで煮詰める。粗熱が取れたら熱湯消毒した瓶に移す。

 保存　冷蔵で3週間程度保存可能。

 小松菜

小松菜塩水漬け

冬に甘みが増しておいしくなる小松菜は、アクが少なく、生で食べる漬けものにも使いやすい野菜。塩水に漬けるだけで乳酸発酵し、深みのある味わいに。

材料（作りやすい量）

小松菜 … 1株
赤唐辛子 … ½本
塩 … 15g
水 … 500㎖

作り方

1 熱湯消毒した保存容器に水を入れ、塩を溶かす。
2 小松菜は洗って水気を切り、4cm長さに切る。赤唐辛子は種をとってちぎる。
3 1の保存容器に2を入れ、常温に2日ほどおく。

 保存 冷暗所で2週間ほど保存可能。

 ごぼう

ごぼうの味噌漬け

ごぼうの独特の苦味やえぐみも甘めの味噌に漬け込めば、マイルドで食べやすくなります。コリコリとした食感と滋味深い味わいが持ち味で箸休めに最適。

材料（作りやすい量）

ごぼう … 2本（約150g）
味噌 … 100g
みりん … 大さじ4

 保存　冷蔵で1ヶ月ほど保存可能。

作り方

1. ごぼうはたわしでこすり洗いし、皮ごと4〜5cm長さに切る。太いものはさらに縦半分にする。
2. 熱湯で1分ほどゆでてザルにあげ、水気をしっかり切る。
3. 熱湯消毒した保存容器に味噌とみりんを混ぜ合わせ、1のごぼうを常温で半日以上漬け込む。

大雪

雪が多く降る時季を意味します。気温が下がり、山々は雪景色となり、平野でも雪が降り積もることもあります。本格的な寒さが到来するのもこのころから。

牡蠣

牡蠣のオイル漬け

ひとくち噛みしめれば牡蠣のうま味があふれ出て、えもいわれぬおいしさ！牡蠣エキスがしみ出したオイルも炒めものやチャーハンなどに活用して。

材料（作りやすい量）

牡蠣（加熱調理用）… 180g
塩 … 少々
にんにく … 1かけ
ローリエ … 1枚
タイム … 5〜6枝
赤唐辛子 … 1本
エクストラバージンオリーブオイル
　… 適量

> **保存** 冷蔵で2週間ほど保存可能。好みで黒こしょうやコリアンダーシード、ローズマリーなどのハーブを加えたり、オリーブオイルをごま油に代えたりしてアレンジしても。

作り方

1. にんにくは半分に切って芯を取り包丁でつぶし、赤唐辛子はへたと種を取る。
2. 牡蠣は塩ひとつまみ（分量外）をふってもみ洗いする。汚れが出たら水で洗い流し、ペーパータオルで水気を拭き取る。
3. 厚手の鍋に牡蠣、にんにく、赤唐辛子、塩、ローリエ、タイムを入れて、オリーブオイルをかぶる程度に注ぐ。ごく弱火（80〜90℃が最適）で15〜20分加熱する。
4. 熱湯消毒した保存容器に3を入れ、冷蔵庫で保存する。すぐに食べ始められるが、おすすめは4〜5日後。

牡蠣のオイスターソース

ひとさじで中華風になる魔法の調味料も自分で手作りすれば、無添加で味の濃さなども調整できます。1年もつので、牡蠣が旬の時季にまとめて作ってみて。

材料（作りやすい量）

牡蠣 … 200g
にんにく … 1かけ
しょうが … 1/2かけ
たまねぎ … 1/2個
A ┃ 醤油 … 100mℓ
　 ┃ 酒 … 50mℓ
　 ┃ みりん … 50mℓ

 保存 冷蔵で1年保存可能。

作り方

1. 牡蠣は塩ひとつまみ（分量外）をまぶしてもみ、水洗いする。ザルにあげて水気を拭き取る。にんにく、しょうが、たまねぎは薄切りにする。

2. 鍋に1とAを入れて中火にかけ、沸いたらアクをとって弱火にし、ふたをしてとろりとするまで30~40分煮詰める。

3. 粗熱が取れたらミキサーにかけて撹拌する。熱湯消毒した密閉容器に移す。

牡蠣のオイル漬けを使ったアレンジ料理

牡蠣オイルそうめん

材料(1人分)

そうめん…1把(100g)
牡蠣のオイル漬けのオイル
　…大さじ2
醤油…大さじ1
牡蠣のオイル漬けの牡蠣…2~3個
青ねぎ…適量

作り方

1　青ねぎは小口切りにする。

2　そうめんを表示通りにゆで、冷水にとって水気をしっかり切る。ボウルに入れ、牡蠣のオイル漬けのオイルと醤油を加えてよく混ぜ合わせる。

3　皿に盛り、牡蠣のオイル漬けと青ねぎをトッピングする。

りんご酵母

 りんご

皮についている天然の酵母菌がりんごの糖分を利用して発酵することで、
パン作りに必要な酵母になります。ぷくぷく発酵するのを見るのも楽しいですよ。

材料（作りやすい量）

りんご … 200g
はちみつ … 大さじ1
水 … 350㎖

作り方

1. りんごは種を取り、皮ごと1センチ厚さのいちょう切りにする。
2. 熱湯消毒した瓶に、りんごとはちみつ、水を入れて軽く混ぜる。
3. 温かいところ（25~30℃くらい）におき、1日に2、3回上下にふったり、ふたをあけて箸などで軽く混ぜたりする。
4. 4、5日でシュワシュワと細かい泡が出始め、1週間ほどで泡の量が落ち着いて、りんごのさわやかな香りとアルコールが混ざったような香りがしてきたら酵母の完成。

保存 りんごを取り出して冷蔵庫に入れ、2週間ほど保存可能。

> りんご酵母を使ったアレンジ料理

りんごパン

材料（作りやすい量）

強力粉 … 200g
塩 … 2g
りんご酵母 … 20g
ぬるま湯 … 100mℓ

作り方

1. ボウルに強力粉、塩、りんご酵母、ぬるま湯を加えて箸で混ぜ合わせる。水分が全体になじんだら、手のひらでなめらかになるまでこね、ひとまとめにする。

2. 閉じ目を下にしてボウルに入れ、乾燥しないように濡れぶきんをかぶせたりふたをしたりして、30℃前後の温かい場所で発酵させる。

3. 生地が2倍にふくらんだら取り出して、両手で軽く押さえてガス抜きする。

4. カードで6等分して表面を張らせるように丸める。2個ずつくっつけて棒状に切ったじゃがいもを、へたのように刺してりんご型にする。濡れぶきんをかぶせて温かい場所におき、ふっくらしたら180℃に余熱したオーブンで10分ほど焼く。

 白菜

白菜キムチ

そのまま食べても、炒めものや鍋ものに利用しても。
ヤンニョムはいろいろな野菜に応用できます。

保存 4、5日後から食べ始められるが、おすすめは2週間後ぐらい。長くおくほど酸味が強くなる。常温で1ヶ月、冷蔵で2ヶ月ほど保存可能。

材料（作りやすい量）

白菜 … ½株
自然塩 … 白菜の3％
〈キムチのり〉
  白玉粉 … 大さじ1
  しじみ … 50g
    （砂抜きしたもの）
  煮干し … 5g
    （頭とわたを取る）
  水 … 150mℓ

〈ヤンニョム〉
  韓国唐辛子（粗挽き） … 10g
  韓国唐辛子（粉末） … 30g
  昆布・イカ（素干し）
    … 各7g程度
  アミの塩辛 … 25g
  りんご … ½個分
  にら（またはせり） … ½束分
  にんじん … 約50g程度

大根 … 100g
ナンプラー … 小さじ1
にんにく … 1かけ分
しょうが … 1かけ

作り方

5 ボウルに3と4、唐辛子、アミの塩辛、ナンプラーを加え、手でしっかりもむ。

[本漬け]

6 白菜の水気をしっかり絞り、葉の1枚1枚に丁寧に5のヤンニョムを塗りこんでいく。

7 白菜を芯からぎゅっと丸めて、外側の葉でくるむように保存袋や容器に詰めてしっかり空気を抜いて口を閉じ、常温で発酵させる。

[下漬け]

1 白菜は根元に包丁で切り込みを入れてから、縦半分に手で割って1/4サイズにし、半日ほど天日に干す。

2 白菜の葉を1枚ずつめくり、塩をふりかけ、ボウルに入れ白菜の2倍ぐらいの重石をしてひと晩おく。

[ヤンニョム作り]

3 鍋に白玉粉以外のキムチのりの材料を加えて中弱火にかけ、しじみが開いてから5分煮る。しじみと煮干しを取り出して、だしの粗熱が取れたら白玉粉を加えてよく溶き混ぜる。中火にかけ、糊状になるまで練る。

4 大根、にんじんは千切り、ニラは4cmの長さに、りんご、にんにく、しょうがはすりおろし、昆布とイカは細切りにする。

白菜のラーパーツァイ

ピリッと花椒が利いた甘酸っぱい漬けものは、白菜がいくらでも食べられます。
かための軸の部分だけ使うと、水分が少ないシャキシャキ食感に。

材料(作りやすい量)

白菜 … 1/4個(約300g)
塩 … 小さじ1/2
A ┌ 酢 … 大さじ3
　├ みりん(煮切る) … 大さじ2
　└ 塩 … 小さじ1/2
ごま油 … 大さじ2
花椒 … 小さじ1(好みで調整)

保存 冷蔵で1週間ほど程度保存可能。

作り方

1. 白菜は4cm長さの短冊状に切り、塩をまぶしてしばらくおく。
2. 白菜の水気をしっかり切ってボウルに入れ、Aを加えて混ぜ合わせておく。
3. フライパンにごま油と花椒を入れて中弱火にかけ、煙が立ってきたら2の白菜にまわしかけ、15〜30分ほどおいて味をなじませる。粗熱が取れたら熱湯消毒した容器に移す。

冬至

1年で最も昼の時間が短くなる日。この日を境に日照時間が延びていくことから、陰の気が極まって陽の気に転ずる折り返し地点、「一陽来復」の日とされます。

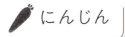
にんじん

松前漬け

するめや昆布、にんじんを細切りにして調味液で漬け込んだ、北海道松前藩発祥の郷土料理。保存が利いてお正月料理としても親しまれています。

材料（作りやすい量）

昆布 … 50g
するめ … 50g
にんじん … 100g
A ┌ 酒 … 大さじ4
　├ 醤油 … 大さじ4
　├ みりん … 大さじ4
　└ 赤唐辛子 … 1本

作り方

1. 昆布とするめは水にさっとくぐらせてから、キッチンばさみで長さ4cm程度の細切りにする。にんじんは3cm長さの棒状に切る。
2. 小鍋にAを入れてひと煮立ちさせる。
3. ボウルに昆布、するめ、にんじんを入れ、Aを回しかけてよく混ぜる。
4. 熱湯消毒した保存容器に移し、冷暗所で保存する。毎日1回混ぜ、1週間後ぐらいが食べごろ。

 保存 冷蔵で2週間ほど保存可能。

 ゆず

ゆずポン酢

鍋ものに欠かせないポン酢は、柑橘が旬の時季にまとめて作っておきましょう。
橙やすだち、かぼすなどの柑橘でも作れます。種を少し加えるととろみが出ます。

材料（作りやすい量）

黄ゆず … 100mℓ（4〜5個）
醤油 … 100mℓ
昆布 … 5cm角2枚
かつお節 … 5g
＊甘みが欲しいときはみりんを少々足す。

 保存 冷蔵で半年ほど保存可能。

作り方

1. 黄ゆずを横半分に切って、ざるで濾しながら果汁を絞る。
2. 熱湯消毒した保存瓶に醤油と果汁を入れ、種2〜3個と昆布、かつお節を加えてよく混ぜ合わせる。冷蔵庫で2日以上おいてから濾して使う。できれば2週間〜1ヶ月ほど寝かせてから使うと、うま味が出て酸味もまろやかに。

ゆず茶

香り高い韓国伝統茶は、気をめぐらしてからだもぽっと温めてくれる、冬に最適な一杯です。血行促進作用のある成分の豊富なわたや内袋ごと漬け込みます。

材料（作りやすい量）

ゆず … 100g
はちみつ … 100g（好みで調整）

作り方

1. ゆずは洗って水気をきれいに拭き、横半分に切ってざるで濾しながら、果汁を絞る。
2. 皮は内側の白いわたや内袋ごと2cm長さくらいの千切りにする。
   *繊維を断ち切るように切るとやわらかくなる。
3. 熱湯消毒した瓶にゆずの皮とはちみつを交互に重ねて入れ、一番上には、はちみつをかける。
4. 最後に絞った果汁を加え、室温でひと晩以上おいたら飲み始められる。飲むときは、カップにゆず茶大さじ1~2を入れ、熱湯を150mlほど注ぐ。

 保存　常温で2週間ほど、冷蔵で1ヶ月ほど保存可能。

小寒

毎年1月5日ごろで、本格的な冬の寒さが厳しくなっていく時季。小寒から節分までが「寒」の季節とされ、小寒に入る日を「寒の入り」といいます。

たくあん

 大根

大根の辛み成分と乳酸菌が反応して、自然に黄色に染まります。天日で干してじっくりぬかに漬けたたくあんは歯応えも抜群！ 甘みは果物の皮で。

材料（作りやすい量）

大根…2本　　塩…干した大根の重量の5％
米ぬか…干した大根の重量の20％
干した果物の皮（柿・りんご・みかん）…ひとつかみ程度（柿が多い方が甘みが増す）
赤唐辛子…1本　　昆布…5cm程度

作り方

1. 大根と葉はよく洗い、葉を切り落とす。夜露や雨に当たらないよう軒下などに10日～2週間干す。葉も同様に干す。
2. 大根が「への字」から「Uの字」に曲がるくらいになったら干しあがり。
3. 大きめのボウルなどに、米ぬかと塩、ちぎった果物の皮、赤唐辛子、細切りにした昆布を加えてよく混ぜ合わせる。
4. 密閉袋の底に3をひとつかみふり入れて、頭としっぽが交互になるように大根を並べる。
5. 残った3をふり入れて、大根の葉で覆い、袋の空気を抜いて、閉じる。
6. 中ぶたをし、干した大根の重量の2～3倍の重石をのせ、できるだけ涼しい場所で保管する。
7. 2～3週間たつと水があがってくるので、重石を半分ぐらいにする。漬け込んで1ヶ月後くらいからが食べごろ。

保存 冷暗所で3ヶ月ほど保存可能。ぬかから出したら冷蔵で密閉保存し、4～5日を目安に食べ切るように。

146

ゆず大根

大根の白い肌にゆず皮の黄色がまとわりついた目にも美しい冬の定番漬けもの。
さっぱりとした味わいは、鍋ものや煮もののつけ合わせにぴったりです。

材料（作りやすい量）

大根 … 500g
塩 … 小さじ1
ゆず … 1個
A ┌ みりん（煮切る）… 大さじ3
　├ 酢 … 大さじ2
　├ 塩 … 小さじ1
　└ 赤唐辛子（輪切り）… 2〜3枚

作り方

1. 大根は拍子木切りにする。塩をふりかけて5分ほどおき、水気を絞る。
2. ゆずは果汁を大さじ1ほど絞り、皮の黄色い部分をむいて千切りにする。
3. ボウルにA、2を入れて混ぜる。
4. 熱湯消毒した保存容器に1、2の皮、3を入れて1時間以上おく。

 保存　冷蔵で2週間程度保存可能。

なます

消化酵素の豊富な大根を甘酢に漬けたおせち料理の定番は、ごちそう続きで疲れた胃腸をいたわるのに最適です。秋に仕込んだ干し柿を加えるのが私流。

材料（作りやすい量2〜3人分）

大根 … 10cm長さ程度
にんじん … 6cm長さ程度
干し柿 … 1/2個
ゆずの皮 … 適量
A［ゆずの絞り汁 … 大さじ3
　　酢 … 大さじ4
　　みりん（煮切る）… 大さじ1と1/2
　　塩 … 適量

作り方

1. ゆずは半分に切って汁を絞る。皮の一部をそぎ取り、千切りにする。
2. 大根、にんじんは細切りにし、塩少々（分量外）をふってしんなりしたらさらしなどで絞っておく。干し柿も細切りにする。
3. 2をAで和え、ゆずの皮を加え、しばらくおいて味をなじませる。熱湯消毒した保存容器に入れる。

 保存 冷蔵で2週間ほど保存可能。

きんかん
はちみつ漬け

生のまま輪切りにしてはちみつに漬け込めば、咳止めやのどの痛みによい民間薬に。
お湯を注いでお茶にしたり、煮ものや焼き菓子に加えたりとアレンジ自在。

材料（作りやすい量）

きんかん … 100g
はちみつ … 50g

作り方

1 きんかんは薄い輪切りにし、種を取り除く。
2 熱湯消毒した保存容器に *1*、はちみつを入れ、フタをして冷蔵庫で1日おいたらできあがり。

 保存 冷蔵で1週間ほど保存可能。

 みかん

陳皮

温州みかんの皮を干したものは、からだを温め、血行を促進し、気分を晴らす漢方薬。
お茶や煮もの、炒めものなどに加えれば、さわやかな香りをプラスします。

材料（作りやすい量）

みかんの皮（できれば無農薬のもの）
　…好きな量

作り方

1. みかんの皮をむいたら、手でちぎってザルやネットに広げて天日に干す。
2. 夜には取り込み、カラカラになるまで1〜2週間ほど干す。
3. 干し上がったら好きなサイズに刻むか、ミキサーで粉状にしても。

 保存 密閉瓶などに乾燥剤とともに入れて常温で1年保存可能。

陳皮を使ったアレンジ料理

豚肉とさつまいもの陳皮煮

材料 (2人分)

さつまいも … 1本
豚ばらかたまり肉 … 200g
たまねぎ … ½個
陳皮 … 5g
A ┌ 酒 … 大さじ2
　├ 醤油 … 大さじ2
　├ みりん … 大さじ1
　├ 黒酢 … 大さじ1
　└ 水 … 大さじ1

作り方

1. さつまいもは1cm厚さの輪切りにして水にさらす。たまねぎは繊維に沿って薄切りにする。豚ばら肉は1cm幅に切る。

2. 厚手の鍋に豚肉、水気を切ったさつまいも、たまねぎ、陳皮、Aを加えて中火にかける。ふたをして豚肉がやわらかくなるまで20分ほど煮込む。

大寒

1年で最も寒い時季で、二十四節気の1年の最後をしめくくる期間でもあります。味噌や醤油、酒などはこの寒の時季に仕込むとおいしくなるとされます。

高菜

高菜漬け

高菜は水分が多いので一度干してから塩で漬け込んで乳酸発酵させます。浅漬けでも、べっこう色になるまでじっくり漬け込んでもどちらもおいしい。

材料（作りやすい量）

高菜 … 2株
塩 … 干した高菜の重量の3％
赤唐辛子 … ½本

作り方

1. 高菜は根元のかたい部分を切り落とし、しっかり洗ってから1日ほど天日に干す。
2. 密閉袋に高菜と種を取った赤唐辛子を入れて、塩を加えてふり混ぜる。
3. 空気をしっかり抜いて口を閉じ、バットなどにおいて2倍程度の重石をのせる。
4. 冷暗所で3日ほどおけば浅漬けの完成。さらに1～2週間ほどおくと味がよくなれてくる。好みでべっこう色になるまで長く漬け込んでもOK。

 保存　冷暗所で3ヶ月ほど保存可能。

塩レモン麹

レモンの酸味と苦味、麹の甘みが一度に味わえる発酵調味料。
鍋やスープに加えれば、ひとさじで奥行きのある味わいに。炒めものにもいけますよ。

材料（作りやすい量）

レモン … 1個（正味約100g）
生米麹 … 50g
塩 … 30g
水 … 80ml
＊乾燥麹の場合は、半量のぬるま湯に30分ほど浸して戻してから使う。

保存 冷蔵で1ヶ月ほど保存可能。

作り方

1 レモンはよく洗い、水気を拭き取る。へたを落として半分に切り、種を取り除きながら皮ごとみじん切りにする（または粗めに刻んでからミキサーにかける）。米麹はかたまりがあれば手でほぐしておく。

2 熱湯消毒した保存容器に1と塩、水を入れて、よくかき混ぜる。

3 1日1回よくかき混ぜ、とろりとしたらできあがり。完成までは、冬は1週間～10日、春は4～5日が目安。

レモンチェロ

レモンの皮をアルコールに漬けて、色や香りを移したイタリアのリキュール。
白ワインとはちみつの組み合わせで、さっぱり飲みやすくアレンジしました。

材料（作りやすい量）

レモンの皮 … 50g
白ワイン … 500ml
はちみつ … 100g

 常温で半年は保存可能。

作り方

1. レモンの皮を薄くむく（白いわたが入らないように）。
2. 熱湯消毒した容器に皮を入れ、白ワインを注ぐ。時々瓶をふってまんべんなく漬ける。
3. レモンの色が白ワインに移ったらさらしなどで皮をこす。容器に戻し、はちみつを加えて1週間常温においてなじませる。

塩レモン麹を使ったアレンジ料理

塩レモン麹鍋

材料（作りやすい量）

豚ばら薄切り肉 … 200g
水菜 … 1束
えのきだけ … 1/2袋（130g）
長ねぎ … 10cm程度
にんにく … 1かけ
塩レモン麹 … 大さじ2
だし汁 … 500mℓ
塩 … ひとつまみ
好みでレモンの薄切り … 2~3枚

作り方

1　豚ばら肉は食べやすい長さに切る。えのきだけは根元を切り落とし、5cm長さ程度に切る。にんにくは薄切り、長ねぎは斜め薄切りにする。

2　鍋にだし汁、にんにく、えのきだけ、塩レモン麹を入れて中火にかける。沸いたら豚肉と長ねぎ、レモンの薄切りを加えて3分煮る。水菜を加えてさっと火を通したら塩で味を調える。

大豆・麹

米味噌

味噌は寒の時季に仕込むと雑菌が繁殖しにくいので、カビにくく失敗なく作れます。
そこから1年、じっくり熟成させることで甘みとうま味を引き出します。

材料（仕上がり約1kg）

大豆 … 250g
生米麹 … 420g
＊乾燥麹の場合は、半量のぬるま湯を加えて30分ほどおいて戻して使う。
塩 … 110g

作り方

1 大豆はこすり洗いし、大きめの容器に、大豆と4倍量くらいの水（分量外）を入れてひと晩浸水させる。

2 大豆の水を切り、蒸気のあがった蒸し器で大豆がやわらかくなるまで1〜2時間蒸す。
＊大豆の漬け水はとっておく。

3 麹を大きめの鍋やボウルに入れ、塩を加えてよく混ぜ、塩切り麹を作る。

4 大豆の粗熱がとれたら、すり鉢やビニール袋などに入れ、すりこぎや手でなめらかになるまでつぶす。

5 つぶした大豆に3の塩切り麹を加え、全体にまんべんなく練り込むように混ぜる。

6 大豆の漬け水を一度沸かして冷ましたものを少しずつ加え、耳たぶ程度のやわらかさになるように調整する。

10 ラップや抗菌作用のある葉（我が家はハラン）で表面をきっちり覆う。

11 できあがり重量の2〜3割の重し（塩袋など粉物がおすすめ）をのせ、周囲を酒粕で覆ってからふたをする。

保存｜冷暗所で保管し、10ヶ月〜1年後ぐらいから食べ始められる。仕上がった味噌は小分けにして冷蔵庫など低温で保管する。

7 6を手に取り、空気を抜くようにしながら団子型に丸めて味噌玉を作る。

8 保存容器の内側を焼酎や消毒用アルコールで拭き、味噌玉を投げ入れる。

9 一段投げ入れたら、空気を抜くように手で押さえて平らにならす。これを繰り返し、すべての味噌玉を投げ入れたら、空気を抜いて平らにならす。

おわりに

たくあんやキムチなどの保存食を食べたいと思っても、市販品には驚くほどたくさんの添加物が含まれています。長く保存させようとすれば仕方のないことかもしれません。色よく美しく、自分はもちろん子供や家族に食べさせたくない、そう思ったらどうしても買うことに躊躇しませんか。でも、大丈夫。ほとんどの加工品は自分で作ることができます。塩分量や甘みはもちろん、すべての素材や調味料も、自分の好きなものを選んで、自分の舌に合わせて調整しながら作ることができるのです。もちろん酸化防止剤や香料、着色料などの添加物も一切不要。これほど安心できるものはないと思いませんか。

自分で作るのは手間も時間もかかりますし、買えば済むかもしれません。でも、何を優先するか。人生はその選択の積み重ねだと思います。添加物や化学合成品天国の日本の現状にNOと言い続けるためにも、ぜひみなさんも自分の食は自分の手で作り出してくだされば嬉しいです。

山田奈美（やまだ・なみ）

薬膳・発酵料理家。「食べごと研究所」主宰。「東京薬膳研究所」の武鈴子氏に師事し、東洋医学や薬膳理論、食養生について学ぶ。雑誌やWEB、テレビなどで発酵食や薬膳レシピの提案・解説を行うほか、神奈川県葉山町のアトリエ「古家1681」にて、「和食薬膳教室」「発酵教室」「離乳食教室」などを開催。日本の食文化を継承する活動を行う。著書に『菌とともに生きる 発酵暮らし』（家の光協会）、『いつもの食材と調味料で体が整うごはん』（ナツメ社）、『二十四節気のお味噌汁』（WAVE出版）、『かんたんでおいしい 砂糖なしおやつ』（小学館）など多数。
Instagram：@nami_yamada.tabegoto

二十四節気を愉しむ
季節の保存食

2024年9月20日 初版第1刷発行

著者	山田奈美
発行者	角竹輝紀
発行所	株式会社マイナビ出版

〒101-0003
東京都千代田区一ツ橋2-6-3
一ツ橋ビル2F
電話　0480-38-6872（注文専用ダイヤル）
　　　03-3556-2731（販売）
　　　03-3556-2738（編集）
URL https://book.mynavi.jp

印刷・製本　シナノ印刷株式会社

制作
酒井ゆう、桑原咲羽（micro fish）

デザイン
若井夏澄（tri）

DTP
大曽根晶子（micro fish）

撮影
よねくらりょう

イラスト
野村彩子

手透き紙提供
春日泰宜

調理補助
岡村恵、廣川恵

企画・編集
野村律絵、石塚陽樹、
清水真衣（マイナビ出版）

※定価はカバーに表示してあります。
※落丁本、乱丁本についてのお問い合わせは、TEL0480-38-6872（注文専用ダイヤル）、
電子メールsas@mynavi.jp までお願いします。
※本書について質問等がございましたら、往復はがきまたは返信切手、返信用封筒を同封のうえ、
㈱マイナビ出版編集第2部書籍編集課までお送りください。
お電話での質問は受け付けておりません。
※本書を無断で複写・複製（コピー）することは著作権法上の例外を除いて禁じられています。
ISBN978-4-8399-8512-7
©2024 Nami Yamada
©2024 Mynavi Publishing Corporation
Printed in Japan